일본 이자카야 유산

서일본편

日本居酒屋遺産　西日本編

일본 이자카야 유산

서일본편

太田和彦
오타 가즈히코

이은주 옮김

andmoc

「일본 이자카야 유산」이란

하루 일을 마치고 동료들과 편하게 대화를 나누며, 오래간만에 친구와 만나 한 잔 술을 하고, 그냥 주인 얼굴을 보러 가서 혼자 기울이는 술. 이자카야 만큼 마음이 편해지는 장소는 없다.

그곳이 몇 대에 걸쳐 이어져 온 가게라면 그 편안함은 더욱 깊어진다. 오래 이어져 왔다는 것은 값싸고 맛있는 안주가 있고, 언제나 변함없이 양심적인 장사를 해왔기 때문이다. 그 편안함을 만드는 것은 창업 때부터 이어져 온 가게 구조나 실내 장식이다.

런던의 펍, 프랑스의 카페, 독일의 호프집, 이탈리아의 바르, 미국의 스낵바. 세계의 도시에는 사람들이 한숨 돌리기 위한 술집이 있다. 일본에서는 그곳이 바로 이자카야다. 이자카야는 마을 사람들의 마음을 안정시키는데 없어서는 안 될 장소가 되었다.

현재 일본 이자카야의 형태는 다이쇼 시대 무렵부터 카운터를 설치하기 시작하면서 정착된 것으로 보인다. 카운터(계산대)라는 말은 영어에서 온 말이기 때문에 역사소설에 「남자는 카운터에 앉았다」라고 쓸 수는 없다. 하지만 에도 시대에 사카야〔술을 판매하는 가게 또는 그 직업을 말한다. 또한 술의 양조를 하는 집〕에서 술을 부어서 팔기 시작한 것이 「이(居)자카야」의 시작이며 그때에도 계산대에서 술을 마셨을지도 모른다. 런던의 펍에서 테이블을 피하고 서서 마신 것이 바 카운터의 시작이라고 한다.

1856년에 태어난 가미야 덴베는 미국으로 건너가 바 카운터를 알게 되었고, 이를 도입하여 메이지 45년(1912) 「미카하야 명주점」(1880년 창업)을 「가미야 바」로 바꾸어 개업했다. 당시 사진에 남아 있는 큰 카운터는 ㄷ자 형태로 구부러져 길게 이어져 있다. 가미야 바는 현재 「유형 등록 문화재」로 지정되어 있다.

한편 오사카에서는 다다미방에서 마시는 것이 식상해진 사람들이 주인이 요리하는 모습을 배식대 너머로 보면서 술을 마시기 시작했고, 이러한 「카운터 갓포」〔'자르다'라는 의미와 '끓이다'라는 의미가 합쳐진 이름. 요리사가 고객의 취향에 맞는 음식을 눈앞에서 조리하여 제공하는 요리〕는 도쿄에도 전파되었다. 이는 도시의 성숙함과 함께 태어난 것으로 밖에서 혼술을 마시는 사람의 자유로움의 표현이다.

가게 주인과 마주보며 마시는 카운터석, 몇 명이 마주보며 앉는 테이블석, 편하게 신발을 벗고 마시는 다다미방, 많은 사람이 모여 연회를 즐길 수 있는 좌식 공간 등, 다양한 손님을 수용할 수 있는 이자카야의 형태가 만들어졌다.

야외 노점이라고 해도 등 뒤로 포렴을 등에 진 채 세상 사람들의 시선을 의식하는 건 길거리에 당당히 테이블을 놓고 마시는 서양의 술집과는 조금 다르다. 「술 마시는 장소」에 민감한 일본인은 전통 가옥을 기본으로 하여 차분히 앉아 마실 수 있는 이자카야의 양식을 만들어 왔다. 도쿄에서는 관동 대지진과 2차 대전을 겪은 오래된 이자카야 건물이 귀중하게 여겨지고 있다. 또한 지방에서는 기후와 풍토가 반영된 이자카야의 모습이 흥미롭다.

손님이 그곳을 찾는 이유는 맛있는 술과 안주가 있어서이기도 하지만, 건물이 주는 편안함의 힘이 크기 때문이다. 이자카야(居心地)의 「이(居)」는 일본어로 편안함(居心地)의 「이(居)」와 같으며 자기 자리(居場所)를 뜻하기도 한다. 오랜 세월을 견뎌온 건물에서 자신의 모습을 발견하고, 자신이 살아온 인생을 긍정할 수 있는 장소이기 때문이다.

문화 유산, 자연 유산, 산업 유산 등 「유산」이란, 현재 그 가치를 보호하지 않으면 사라질 위험이 있는 것을 뜻한다. 오랜 역사를 통해 만들어진 것은 쉽게 재현할 수 없기에 그만큼 가치가 있는 것이다. 나는 「이자카야 유산」을 제안하고자 한다. 그 조건은 다음과 같다.

「창업 시기가 오래되었고 옛 모습 그대로의 건물일 것」
「대대로 변함없이 이자카야를 이어오고 있을 것」
「오래된 노포이면서도 서민들의 가게로 자리하고 있을 것」

「창업 시기가 오래되었다」는 것은 메이지 시대(1868년)에서 쇼와 시대 전쟁(1939년) 이전, 그리고 전후 쇼와 30년대(1950년대 후반)까지 포함하겠다. 「대대로 변함없이」라는 조건은 현재 주인이 3대째 이후 정도로 본다. 「서민들의 가게」라는 것은 이자카야란 원래 그런 곳이기 때문이다.

이 책은 오래된 이자카야를 『일본 이자카야 유산』으로 기록하려는 시도이다. 부담 없이 들어갈 수 있는 가게들만 소개했다. 그곳에서 명물인 안주와 함께 한잔 하면서 꼭 가게 안을 둘러보고 그 가치를 직접 느껴보기를 바란다.

「동일본 편」에 이어 본서 「서일본 편」에는 10점포를 수록했다. 아울러 동일본 편에 미처 담지 못한 점포 한 곳도 추가했다.

오타 가즈히코

* 일러두기
1. 가게 이름은 책 표지에 있는 영문표기의 띄어쓰기에 따랐다.
예) Daijinhonten(다이진혼텐) / Oden yasube(오뎅 야스베)
2. 역자 주는 〔〕안에 넣었다. 예) 다루자케〔나무통에서 숙성시킨 사케〕

일본 이자카야 유산 서일본편

Japan heritage of izakaya. West Japan

일본 이자카야 유산 서일본 편

목차

사람과 사람이 만들어가는 공간의 기억

가게는 차분하고 성실하게 평소와
다름없이 하루하루의 일을 하고
손님들은 편히 쉴 수 있는 장소를 찾아
언제나처럼 가게에 들어온다.

「오늘 하루 종일 아무하고도
대화하지 않았군.」
갑자기 그런 생각이 든 단골손님이
가볍게 가게로 발걸음을 옮긴다.
가게 주인 앞 카운터에 앉아
특별한 대화를 나누는 건 아니지만,
작게 한마디 인사를 나눈다.
그런 부담 없이 주고받는 소통이
이루어지는 곳이 바로 이자카야다.
문을 열면 어느 가게나 "다녀왔습니다"라고
그만 말해버릴 것 같은 그립고 따스한
공기가 흐르고 카운터의 특등석은
오랜 세월 함께 한 속옷처럼 촉감이 좋고
손을 올리고 있으면 안심이 된다.
방문객들은 각자의 스타일로 느긋하게
저마다의 생각에 잠긴다.
이자카야란 「누군가를 위해 만들어진
장소」가 아니라 방문하는 사람들이 그날
기분에 따라 원하는 대로 시간을 보내는
자유로운 공간이다. 그곳에서 오간 말들은
영원히 그 공간에 새겨지고,
주인과 손님, 각자의 마음이
쌓이고 쌓여 오랜 시간을 거쳐
귀중한 여운을 남긴다.
사람과 사람이 연결되어 형성된 공기가
대대로 이어져 내려오는 곳이다.

本店
酒
大甚本店
営業中
大甚
募集
委細面談
TEL 231-1909

1 JAPAN HERITAGE OF IZAKAYA

다이진혼텐 大甚本店

이자카야의 이상적인 모습

아이치현 나고야시

창업은 메이지 40년.
교차로 모퉁이에 반듯하게 서 있는
「다이진혼텐」. 문을 열면 압도적인
칸쓰케바가 맞이한다.
중앙에 자리 잡은
삼나무로 만든 대형 술통.
완벽한 이자카야의 분위기 속에서
낯선 손님과 커다란 탁자에 둘러 앉아
어깨를 맞대고, 취향에 맞는 안주 고바치를
따뜻한 물에 오래 데운 술과 함께
깊이 음미한다. 결코 겉멋을 부리지도,
잘난 체하지도 않는 바로
이자카야의 이상적인 모습이다.

메이지 시대부터 이어져 내려오는 이자카야의 양심

나고야의 번화가 후시미의 큰 교차로 모퉁이에 위치한 이자카야 「다이진혼텐」. 영업 시작은 오후 3시 45분이지만 이미 몇 명이 기다리고 있다.

콘크리트 구조의 직사각형 3층 건물로 도로에 면한 쪽 전체는 자연 통나무를 수직으로 배열해 장식했으며, 1층 오른쪽 반만 검은 각기둥을 가지런히 이어 자연 통나무와의 대비로 분위기를 바꿨다. 그곳에는 「다이진」이라는 큰 글자를 새긴 화려한 입체 간판이 걸려있고 위에는 삼각지붕이 덮여 있다. 과거에는 초친〔손잡이가 달린 일본식 종이 제등〕을 걸어두었으나, 통행에 방해가 되어 현재의 형태로 바꾸었다. 왼쪽 절반은 「창업 메이지 40년 다이진혼텐」이라는 문패를 건 굵은 통나무를 사용했으며 약간 들어간 현관에는 아직 포렴이 걸려 있지 않다. 2층과 3층은 가로로 긴 유리 창문으로 공간이 구분되어 있으며 건물 전체는 현대적인 목조 건축물이라는 느낌이다.

현관문을 열면 넓은 실내에 두께 15cm의 두툼한 나무 테이블 여섯 개가 안쪽까지 늘어서 있고, 빨간 커버의 원형 의자들이 이를 감싸고 있다. 옛날 기차역에 있었던 것 같은 큰 원형 시계가 있고, 그 옆에 진자 벽시계가 있다. 맥주나 술 포스터 등이 붙은 판자로 만든 벽은 세월의 흔적이 느껴지며 벽 쪽에 깔린 다타미오모테〔다다미 표면을 덮는 돗자리〕 위에 앉은 손님의 등이 닿는 부분만 하얗게 닳아 있다.

이것은 가게 안의 오른쪽 절반이다. 왼쪽 절반에는 술을 데우는 공간인 칸쓰케바〔燗付場, 술을 데우는 장소나 설비〕가 있고, 그 안쪽에는 고바치〔작은 그릇에 담겨 나오는 요리〕를 놓는 커다란 진열대가 이어진다. 다시 그 안쪽에는 분리된 밝은 방이 마련되어 있어, 이곳에서 생선을 손질하고 요리한다. 고르지 못한 검은 돌로 바닥을 깔아놓은 넓은 가게 안은 "자, 누구든 들어와요." 하며 만반의 준비를 갖춘 이자카야의 분위기다.

가게 앞 지붕 아래에 있는 「다이진」이라고 새긴 글자를 위아래에서 빛이 비추고 있다.

압권은 칸쓰케바다. 현관 바로 왼쪽에는 붉은 벽돌과 콘크리트로 단단히 쌓아 올린 두 개의 큰 화덕이 있고, 여기에 가스 배관이 연결되어 있다. 화덕 안에는 지름 1척(약 30.3cm)의 커다란 냄비와 5되(약 9리터) 용량의 큰 솥이 들어간다. 왼쪽 냄비에는 더운 물에 술잔이 수십 개나 잠겨 있어 늘 따뜻하게 유지되고, 오른쪽 솥에는 나무 찜통을 넣어 십자로 나뉜 칸마다 술이 든 도쿠리〔술병〕를 몇 병씩 중탕한다. 순서를 기다리는 도쿠리 스무 개가 쟁반 위에 올려진 채 행주로 덮여 있다. 그 주변으로는 작은 금전등록기와 유리컵 찬장, 다섯 개의 구슬이 달린 커다란 주판이 놓여 있고, 영수증 다발이 쌓여 있다.

이 공간의 중심에는 백목의 결이 살아 있는 스기다루(四斗樽, 약 72L 술통)가 놓여 있다. 오래된 칸쓰케바 안에서 밝은 백목은 산뜻한 기운을 발하고, 단단히 조여진 푸른 대나무 테두리는 이 공간 전체의 공기를 한층 팽팽하게 조여준다.

「가모쓰루(賀茂鶴)〔히로시마현의 사케 브랜드〕」는 히로시마의 술 창고 다이진 전용 탱크에서 매일 두 통이 운반되어 교체된다. 새로 도착한 술통은 전체가 비닐로 감싸져 있으며 빨간 표시가 붙은 술 따르는 도구 「노미구치」가 부착되어 있다.

술이 도착하면 먼저 옆으로 눕혀 하단의 배꼽 부분에 이 도구를 끼우고 나무 마개를 닫는 것이 첫 번째 작업이다. 술은 나무 마개를 돌려 손잡이가 달린 큰 잔에 따르고, 깔대기로 도쿠리에 소분한다. 깔대기에 남은 방울은 거기에 놓인 치로리〔술을 데울 때 쓰는 금속 용기〕에 모은다. 한쪽 입구에는 먼지가 쌓이지 않도록 전용 나무 덮개가 마련되어 있다. 손잡이가 달린 이치고마스〔일본 전통의 사케 잔으로, 약 180ml 용량의 나무 용기〕는 작은 도쿠리처럼 사용되며, 사케의 향과 어우러져 독특한 풍미를 낸다. 다루자케〔나무통에서 숙성시킨 사케〕를 데우기 위한 크고 작은 도구가 모두 갖추어져 있으며 항상 놓여 있는 행주로 주변은 깨끗이 유지된다. 불을 다루는 화덕 주변에는 후시미이나리 신사의 부적과 「불조심」 안내문이 있고, 「다이진」이라고 적힌 옛날 도쿠리가 놓인 「가마도노 가미〔부엌의 수호신〕」를 모시는 장소가 있다. 이자카야는 술이 있어 존재하고, 술을 정성스레 다룰 때 비로소 빛난다. 이곳은 그 술을

현관에서 바라본 가게 내부. 6개의 테이블과 빨간 커버가 덮인 원형 의자가 줄지어 있다.

270
320
320
320
320
320
270
270
270
270
大甚
賀茂鶴
大甚
純米酒 広島錦
750円

270
270
500
780
500
780
この本で紹介されています
酒場
日本全国から厳選204店
太田和彦の
居酒屋味酒覧〈決定版〉
当店掲載!
12月

요리는 유리 테이블에 안주 접시인 고바치가 놓여 있으며, 직접 가져가는 시스템이다.

가장 아름답게, 가장 일본답게 다루는 일본 최고의 칸쓰케바다.

좋아하는 작은 안주 한 접시를 들고, 약간 미지근한 온도의 데운 술과 함께

가게에 카운터는 없고, 6, 7인용 정도의 큰 테이블이 대부분을 차지하고 있다. 손님들은 차례로 계속 들어오며 옆에 누가 앉을지 모른다. 함께 앉는 걸 싫어하는 손님은 이곳에 올 자격이 없다. 자리를 확보한 손님은 즉시 일어나 칸쓰케바 옆에 쌓인 안주 접시를 직접 가지러가서, 자리에 돌아와 술을 주문한다. 따뜻하게 데워진 술은 10초 만에 도착한다. 칸쓰케바에 서 있는 주인은 항상 가게 전체를 주시하며 손을 들어 신호를 보내는 손님에게는 바로 달려간다. 아무리 붐비더라도 지체되는 일은 없다.

'아무리 붐비더라도'라고 썼지만, 가게 오픈을 기다리지 못하는 손님은 그 전에 들어와서 아직 어두운 가게 안에서 기다리다가 시간이 정확히 되자마자 불이 켜지면 안주를 가져가기 위해 일어선다. 따라서 항상 만석 상태인 것이다. 처음 오는 손님은 이 독특한 시스템에 흥분해 한 번에 네다섯 접시씩 쟁반에 담아가지만, 단골은 허둥대지 않는다. 늘 먹는 한두 접시만 골라 자리로 가져와 놓은 뒤, 주인과 눈이 마주치면 손가락 하나를 세운다. 그러면 즉시 데운 술과 술잔, 젓가락이 도착한다. (나도 늘 이렇게 한다.)

하지만 아직 이건 초보 단계다. 처음부터 붐비는 작은 접시 진열대(고바치 테이블)를 공략할 필요는 없다. 그보다 안쪽의 신선어 코너로 가서, 유리 케이스에 준비되어 있는 오늘의 생선—참치, 도미, 전갱이, 오징어, 아카카이 등—을 손가락으로 가리키며 구이·조림·튀김 중 원하는 조리법을 주문하면 된다. 조금 뒤에 갓 만든 요리가 도착한다. 전갱이, 방어, 샤코(갯가재)처럼 이미 조리된 접시들은 여러 개가 미리 나와 있어 바로 건네받을 수 있다. 나는 은어가 있으면 꼭 소금구이를 주문해 둔다.

본인이 직접 가져간 안주 접시에는 가시와〔간사이식 닭고기 요리〕, 모로코 쓰쿠다니〔민물고기 조림〕, 도리기모〔닭 간〕, 이와시 쇼가니〔정어리 생강 조림〕, 다라코〔명란젓〕, 이카누타〔오징어 초된장 무침〕, 유리네〔백합근〕, 사토이모〔토란〕, 마루이카니〔통 오징어 조림〕, 감자 샐러드, 도리카이〔새조개〕, 후키니〔머위 조림〕, 오히타시〔채소 무침〕, 니다코〔문어 조림〕, 니아나고〔붕장어 조림〕, 두부, 이타와사〔판 가마보코와 와사비〕, 스키니〔스키야키풍 조림〕 …… 생각할 수 있는 온갖 제철 안주가 빽빽하게 늘어서 있는 광경은 그야말로 장관이다. 인기가 있는 것은 붕장어나 도미 알 같은 조림류. 갓 만든 조림이 김을 내뿜으며 추가되고, 없어진 안주는 큰 접시에서 계속해서 덜어준다. 맛은 나고야답게 진한 편이지만, 전근족〔전근으로 이동하는 직장인〕이 늘어나면서 맛이 옅어졌다고 한다. 겨울이면 고바치에 유도후〔다시마 육수에 두부를 데쳐 간장에 찍어 먹는 요리〕나 다라치리〔대구 지리〕 등이 적힌 종이가 놓인다. 이 종이를 건네면 곧 뜨거운 작은 냄비가 도착한다.

이 모든 요리를 야채류는 270엔, 생선류는 350~500엔이라는 저렴한 가격으로 즐길 수 있다. 가격을 하나하나 계산하며 고민할 필요가 없다는 이 기분 좋은 '가벼움'이 이 집의 가장 큰 매력이다. 참고로 어느 날 나는 새순과 기누사야니〔완두콩 조림〕, 시라아에〔두부와 흰깨로 버무린 요리〕, 아지사시미〔전갱이 회〕를 미리 주문해 둔 메바루 니츠케〔볼락 조림〕와 함께 먹었는데, 조합이 정말 완벽했다. 손가락 하나로 건네받은 도쿠리를 앞에 두고 "자, 시작해 볼까." 하며 손을 비비던 그 순간이여.

"캬아…"

정말 맛있다. 당연하다. 매일 통째로 배달되는 술에는 은은한 목통 향이 배어 있고, 살짝 미지근한 온도 또한 절묘하다. 수십 명이 한꺼번에 주문을 넣는 상황에서 그때마다 일일이 데워서는 도저히 따라갈 수 없다. 누구의 주문이 먼저인지 헷갈리기 마련인데, 이 큰 가마 속에서 차례를 기다리고 있는 도쿠리들이 주문 즉시 서빙을 가능

안쪽 유리 케이스 안에는 매일 바뀌는 신선한 생선이 진열되어 있으며, 조리 방법은 본인이 직접 정한다.

좁은 입구의 간토 도쿠리. 메이지 시대 개점 이래 계속 사용해오고 있다.

1층 안쪽에는 고아가리 다다미방이 있다.

하게 만들어주는 것이다.

메이지 시대 개업 이래로 지금까지 써오고 있는 이 도쿠리가 정말 훌륭하다. 일합보다 조금 많은(약 320mL 정도) 용량의, 통통한 원통형 몸통에 주둥이가 가느다란 관동식 도쿠리다. 짙은 청색으로 그린 송죽매 문양과 아래를 두른 연속 무늬, 그리고 '다이진(大甚)'이라는 상호까지 새겨져 있다. 나는 이 도쿠리야말로 일본 최고의 도쿠리라고 생각한다. 술 마시는 사람이라면 알 것이다. 교토식의 작은 도쿠리는 일 합 남짓(약 180mL 정도)이라 금세 비어버리지만, 이 정도 용량은 천천히 여러 잔을 거듭한 뒤, "자, 한 병 더 갈까?" 하고 생각하게 만드는 절묘한 분량이다.

일본 술은 급히 데우는 것보다, 알맞은 온도의 뜨거운 물에 천천히 잠겨 있을 때 속까지 따뜻해져 부드러워진다. 목욕과 똑같다. 그때 중요한 것도 역시 어깨까지 푹 잠기는 것. 이 집의 길쭉한 도쿠리도 목까지 물에 잠겨 아주 기분 좋아 보인다. 이렇게 데워진 술이 쉽게 식지 않는 것도, 미지근한 온탕에서 오래 몸을 담그면 잘 식지 않는 것과 같은 이치다.

카운터에서 주인과 마주하고 조용히 마시는 것이 아니라 축제 때의 모임 술자리처럼 소란스럽게 마시는 테이블 자리가 주를 이룬다. 안쪽으로 들어간 좁은 통로의 끝에는 넓은 고아가리 다다미방〔바닥보다 조금 더 높게 만든 방〕이 있고, 4인용 테이블에 다섯 장의 방석이 놓여 있다. 여기서는 편하게 가부좌를 틀고 마시는 재미가 있다. 퇴근 후 들른 회사원 네댓 명이 마음대로 탁자를 붙여 앉고, 젊은 직원이 "적당히 안주 몇 개 갖다 줘. 맥주는 세 개!" 하고 주문하는 모습도 흔하다.

그뿐만 아니라 1층 현관 오른쪽의 넓은 계단을 올라가면 2층에 큰 방이 하나 있다. 여러 개의 넓은 테이블이 놓여 있고, 모두 등받이가 달린 의자가 갖춰져 있다. 창가 쪽은 커플석이라 할 만한 자리로, 두 사람이 나란히 앉아 밖의 거리를 내려다볼 수 있는 별석이다. 그 반대쪽 끝에는 고아가리 다다미방이 있으며, 이곳에는 더 작은 2인용 테이블 몇 개가 놓여 있다. 나무로 된 단턱과 대나무 울타리로 엮어 배의 바닥을 거꾸로 한 듯한 천장, 벽 속에 숨기지 않고 그대로 드러낸 기둥들이 운치를 더한다. 그래서 이곳에서는 혼자 테이블에 앉아 있어도, 왠지 '여기면 충분하다'는 기분이 들 만큼 아늑하다.

이 2층에도 빨간 벽돌로 된 화덕이 있어 여기에서 술을 데우고, 작은 안주 접시들도 차려져 있다. 부족하면 아래층으로 내려가 가져오면 된다. 모든 계산은 고바치, 도쿠리, 맥주병 수로 좌르륵 주판을 튕겨 바로 계산이 되어 정말로 명쾌하다.

이 건물은 1954년(쇼와 29년)에 "작은 가게 공사는 맡지 않는다"는 다케나카 공무점(竹中工務店)〔일본의 대형 종합건설 업체〕을 설득해 의뢰한 것으로 계단참이 있는 넓은 계단은 느티나무를 썼고, 고시이타〔허리 높이까지 덧댄 판자〕는 편백나무로 만들어져 지진이 일어나도 이 집만 남을 거라고 할 정도로 튼튼하다.

내가 보기에 내부는 일본식이지만, 전체 설계에서는 바우하우스에서 출발한 모던 디자인의 감각이 느껴진다. 이는 당시 다케나카의 선구적인 감각 때문일 것이다. 지금은 칠이 입혀져 중후한 검은 윤을 띠고 있지만, 두께 15cm에 이르는 편백나무 한 장으로 만든 커다란 테이블들은 여전히 압도적인 존재감을 지닌다. 함께 제작된 의자

1층에 늘어선 6개의 테이블은 한 장의 나무판으로 만들어졌으며 두께는 약 15cm에 달한다.

들 또한 전혀 흔들림이 없다. 견고하게 만들어진 커다란 화덕 역시 마찬가지다. 이 공간은 '제대로 만들어 오래 사용하는 것'이 무엇인지 보여주는 하나의 견본이라 할 만하다.

세대를 초월하여 사랑받는 이자카야의 이상적인 모습

다이진의 역사는 오래되었다. 아이치현 아마군 오하루무라에서 지역 술 「다이진」의 이름을 따서 술집을 시작한 야마다 도쿠고로 씨는 스물여섯이라는 젊은 나이에 세상을 떠났다. 이후 여동생 미쓰 씨가 가게를 이어받았고, 메이지 40년(1907)에 나고야로 옮겼다. 쇼와 20년(1945)에 가게는 전쟁으로 인해 완전히 불타버렸고, 쇼와 23년(1948) 판잣집에서 재개했다. 그 무렵부터 술은 「가모쓰루(賀茂鶴)」 통술을 쓰기 시

2층 안쪽의 고아가리 다다미방은 매우 편안하다.

작했는데, 가게에 걸린 양조장의 감사장에는 "귀하는 전후를 통틀어 가모쓰루 확대에 지대한 공헌을 하였다…"라는 문구가 적혀 있다. 그 말의 무게가 살아 있다.

미쓰 씨의 재능과 인품은 많은 사람들에게 사랑받아 가게의 기반이 마련되었으나 과로로 55세에 사망했다. 도쿠고로의 아들 진이치 씨가 2대째를 이어받았다. 그전에는 주문이 들어올 때마다 음식을 담아 내는 방식이었으나, 손님이 많아지자 진이치 씨의 아들 히로시 씨가 다니던 대학 학생식당에서 힌트를 얻어, 손님이 직접 작은 접시를 골라 가져가는 방식을 도입하게 된다.

그 히로시 씨는 3대째를 이어받았으며 두꺼운 샤넬 안경과 가슴에 달린 병따개를 트레이드마크로 삼아 힘찬 목소리와 빠른 움직임으로 가게의 사령탑이 되었다. 칸쓰케바에서 부동의 오칸반〔お燗番, 사케를 데우는 일을 전담하는 담당자. 술의 성질과 단골의 취향, 그날의 날씨까지 고려해 온도를 조절하며 가게의 맛과 품격을 좌우하는 역할로 여겨진다〕은 부인인 요시코 씨가 맡고 있다. 2층은 두 아들이 담당한다.

히로시 씨는 장남 야스히로 씨와 매일 아침 7시에 오토바이를 타고 재료를 구입하러 간다. 요리는 같은 것이라도 매일 만들고 하루에 모두 팔아버린다. 오늘은 촬영 때문에 오후에 왔더니 1층 모든 테이블에 조림 요리가 차례로 담겨 큰 접시에서 김을 내뿜고 있었다. 가장 안쪽에서는 히로시 씨가 다음 요리에 집중하고 있었다. 약 6명이나 되는 식당 직원 여성들은 말없이 움직이며 역할을 착착 해내고 있었기에 카메라를 들고 어슬렁거리는 것이 부끄러울 정도였다.

작은 접시가 부족해지면 이 큰 접시에서 추가로 덜어낼 수 있다.

한 접시 겨우 270엔의 요리를 이렇게까지 정성 들여 준비하는 모습은, 이자카야의 '준비'라기보다 하나의 사회사업을 수행하는 듯한 장엄함까지 있다. 요즘은 '어린이 식당'이 유행하지만, 이곳은 말하자면 '어른 식당'이 아닐까. 손님은 이 정성을 결코 당연히 여겨서는 안 된다.

이렇게 많은 커다란 접시 요리가 개점 시간에 맞춰 준비될 수 있을까 생각했으나 4시 직전이 되자 훌륭하게 준비되었고, 필요한 자리에 직원들이 서고, 히로시 씨도 제 위치로 돌아간다. 우리도 슬슬 취재를 마무리해야 했다.

그리고 구석 자리에 앉았다. 나는 니아나고〔붕장어를 간장, 설탕 등으로 졸여 만든 조림 요리〕, 도리기모(닭의 간), 샤코〔갯가재〕를 주문했다. 그리고 평소처럼 칸사케(데운 술)를 마셨다. 자리는 이미 차기 시작했고 단골들은 각자 자신의 자리를 차지한 듯했다. 중장년층, 젊은이들, 이미 도착한 정장 차림의 직장인들은 현지 주민들이 아직 근무 중일 테니, 출장 업무를 빨리 마치고 서둘러 온 것 같다. 신칸센 마지막 열차에 늦지 않게 택시를 타고 막차에 오르는 사람들도 많이 있다고 한다.

바로 옆에는 미소노자 극장〔1897년에 개장해 나고야 가부키와 연극 문화의 중심 역할을 해온 극장〕이 있다. 가부키 배우 나카무라 시칸은 공연이 있는 날이면 이곳에 들르기 위해 출연 시간을 앞당겼다고 한다. 나 역시 한 번은 뒤쪽 자리에 명배우 오타키 히데지 씨가 앉아 있는 것을 본 적이 있는데, 들려온 이야기는 역시 그날 무대에 오른 공연에 대한 날카로운 평이었다.

쇼와 13년(1938)생인 히로시 씨는 레이와 5년(2023)인 올해 3월, 85세의 나이로 은퇴를 결심했다. 그러고 보면 오늘의 일에 대한 그의 집중에는 마지막이라는 마음이 담겨 있는 듯하다. 부인 또한 술 데우는 자리에서 물러났다.

4대째인 야스히로 씨는 회 뜨는 할머니 등에 업혀 중학생 때는 이미 가게를 도왔다. 5년 전부터 요리사나 직원들과 상담하여 그라탕, 아지 후라이〔전갱이 튀김〕, 소고기 스테이크 등 서양식 요리나 〈쇼와 고기 야채 볶음〉 같은 메뉴도 추가했다. 그 전까지는 아침에 준비한 것이 다 팔리면 문을 닫았는데 매출이 늘지 않았던 것을 보완하기 위해 주문 즉시 조리하는 메뉴를 늘리고 하이볼이나 추하이〔소주와 탄산, 과즙을 섞은 술〕도 추가했다. 가게도 손님도 세대 교체가 이루어진 것 같다. 이제는 전국에서 찾아오는 손님들에게 '나고야다운 것'

쇼와 25년(1950)에 사망한 초대 사장님의 여동생 야마다 미쓰 씨의 사진.

부창부수. 히로시 씨의 부인은 오랫동안 술 데우는 일을 맡아왔다.

을 더하겠다며 기본이 되는 집된장 만들기를 시작했고, 5년 동안 노력한 끝에 자신이 붙었다고 하니 든든한 일이다.

손님에게 '즐거웠어요'라는 말을 들을 때가 가장 기쁘다고 한다. 그 말에는 '맛있었다'는 감상뿐 아니라, 이곳에서 보낸 시간이 즐거웠다는 의미까지 모두 담겨 있다. 자신이 좋아하는 안주를 스스로 고르고, 누구에게도 신경 쓰지 않으며, 지위고하와 상관없이 같은 탁자를 둘러싸고 술을 마시는 것—이것이야말로 이자카야의 이상적인 모습이다. 정계·재계에서 부하들에게 잘난 체만 하는 사람들을 이곳에 데려와 '직접 해보라'고 말하고 싶어질 때도 있다. 다이진은 일본 이자카야의 정점이다.

벽에 걸린 쇼와 25년(1950)에 사망한 야마다 미쓰 씨의 오래된 흑백 사진이 가게를 내려다보고 있다. 여행은 별로 하지 않았지만, 사망 3년 전 손자처럼 귀여워하던 초등학생이 된 히로시 씨를 데리고 니코, 하코네로 여행을 간 것이 좋은 추억이라고 들었다. 히로시 씨는 아마 이 사진의 보살핌을 받으며 줄곧 이 자리를 지켜온 것이리라.

OUTLINE
점포개요

FOUNDED | 창업

메이지 40년(1907) 나고야시에서 창업했다고 생각되지만, 확실한 기록은 남아 있지 않다. 4대째인 야스히로 씨가 알기로는 가게의 분위기는 오랜 세월 동안 변하지 않았다고 한다.

HISTORY | 역사

쇼와 20년(1945) 나고야 대공습으로 인해 일대는 폐허가 되었으며, 이에 따른 구역 재편으로 점포 부지 외의 토지를 매각한 기록이 남아 있다. 쇼와 29년(1954) 현재의 건물을 신축했으며 본점 이외에도 「나카미세」 지점을 비롯해 「오스텐」과「니시키텐」도 개점했다.

❶ 유리 창문
각기둥이 늘어선 사이로 해가 지면 가게 안의 모습이 보인다.

❷ 포렴
「술(酒)」 한 자만 적힌 감색 포렴. 오른쪽에 「창업 메이지 40년」이라고 적힌 문패.

❸ 옥상
건물 옥상. '술왕 가모쓰루(酒王賀 茂鶴)'의 거대한 간판이 이정표다.

CUSTOMER | 고객층

주요 고객은 50 - 60대 단골 고객이지만 최근에는 젊은 층도 증가하고 있다. 근처에 미소노자 극장이 있어서 공연을 마친 가부키 배우들이 방문하는 경우가 있다. 또한 출장차 나고야를 방문한 회사원들이 가게 영업 시작과 동시에 왔다가 마지막 전철을 타기 위해 서둘러 돌아가는 모습도 종종 보인다.

FILE

창업	메이지 40(1907)년
지역	아이치현 나고야시
창업 시 형태	이자카야
구조	콘크리트 구조의 3층 건물
점주	야마다 야스히로(4대째)

2층 좌석도 역시 이상적인 이자카야를 구현하고 있다。

넓은 회전 계단을 올라간 2층. 안쪽 오른편에는 '고아가리'라 불리는 한 단 높인 좌식 공간이 있고, 앞쪽에는 테이블석이 여섯 자리, 창가에는 2인용 좌석이 마련되어 있다.

손님의 등으로 닳은 흙벽의 모습은 마치 도라지꽃 그림 같다.

1층과 마찬가지로 벽돌로 쌓은 화덕에, 대형 가마솥을 설치한 술 데우는 공간이다.

오랜 세월 역사를 지켜온 도구들

칸쓰케바의 백목으로 만든 술통을 둘러싸고 여러 가지 도구들이 놓여 있다.

큰 원형 시계 옆에는 진자 벽시계가 나란히 놓여 있다.

오랫동안 사용되어 온 5개의 구슬이 있는 나무틀로 된 큰 주판.

칸쓰케바. 현관을 들어서자마자 바로 보이는 곳으로, 붉은 벽돌과 콘크리트로 단단히 고정된 자리에 냄비와 가마가 묵직하게 놓여 있다.

DATA **다이진혼텐**	아이치현 나고야시 나카구 사카에 1-5-6 / 052-231-1909 / 15:45~21:00, 토요일(15:45~20:15), 일·공휴일 휴무(8월 14~18일은 여름 휴업)

2 JAPAN HERITAGE OF IZAKAYA

赤垣屋 아카가키야

교토의 일상을 엿볼 수 있는 곳

교토부 교토시 사쿄구

교토 가모가와 강변의 가와바타 거리
니조 대교 아래에 떠 있는 붉은 네온.
관광지와는 무관한 고립된 분위기의
명물 이자카야가 여기에 있다.
안쪽으로 뻗는 L자형 카운터는
베니어합판 천장에 매달린
알전구에 비춰지며 압도적인
분위기에 저절로 허리를 곧추세우게 한다.
묵묵히 성실히 일하는 태도는 데운 술의
풍미에서 나타나고 그에 응답하듯
손님들은 조용히 술잔을 기울인다.
보존해야 할 이자카야의 공기.

붉은 네온에 이끌려, 옛 정취의 술집으로

내가 일본의 이자카야에 대해 본격적으로 쓰기 시작한 것은 헤이세이 7년(1995) 월간지 「소설 신초(小説新潮)」에 「일본 이자카야 방랑기」를 연재했을 때부터였다. 당시 나이는 49세였다. 그중 제5회 교토 편에서 아카가기야를 처음 방문한 부분의 초반부를 인용해 보겠다.

〈가와바타 거리를 따라 가다 보면 강변에 위치한 한 채의 시모타야〔상점가 안에 있는 살림집〕 이자카야가 있다. 「아카가기야」의 붉은 네온은 다소 싸구려 같지만, 일단 들어가 보면 이렇다. 상반부가 장지문 스타일인 미닫이문을 열고 들어가면 작은 현관 공간이 있고, 그대로 길게 안쪽으로 이어져 있는 카운터가 있다. 그 입구 근처에 자리를 잡았다.

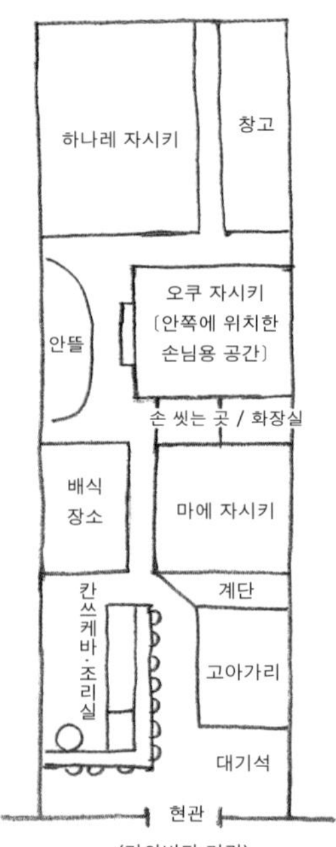

교토 특유의 깊고 긴 구조를 기록한 가게의 평면도.

넓고 편안한 공간이 있는 큰 가게다. 시멘트 바닥은 단단하고, 벽에는 쪼갠 대나무 조각이 붙어 있으며 베니어합판으로 보이는 천장은 검고 낡았다. 카운터 아래쪽은 아지로하리〔대나무 엮기〕로 마감되었고, 발받침은 받침대가 달린 둥근 통나무다. 카운터 앞의 낮은 단차 부분은 약간 멋스러운 칠 마감으로 되어 있다. 천장에서는 예전의 실용 조명들이 내려와 있고, 두 개짜리 소켓에 갓 없는 전구가 달려 있다. 정면 위에는 양조장에서 기증받은 큰 거울 두 장이 나란히 걸려 있다. 하나는 「메이요칸(名誉冠)」, 다른 하나에는 「다이코쿠무스메(大黒娘)」와 「오야코코우(親孝行)」라는 글자가 적혀 있는데, 들어본 적 없는 술 이름들이다. 민가를 개조한 것이 아니라 처음부터 이자카야처럼 설계된 듯하며 상당히 오래되었지만 잘 관리되고 있어 빛나고, 차분하고 조용한 분위기가 있다. 정말 훌륭한 가게다.〉

일본 전역에서 술을 마실 수 있다는 태평한 기획으로 시작한 연재였지만, 이 「아카가기야」와의 만남이 지금에 이르는 나의 이자카야에 대한 관점의 원점이 된 것은 틀림없다. 그로부터 28년, 지금도 위에 묘사한 그대로 전혀 변하지 않았다. 그 후로도 계속 방문해 왔으나 오늘은 더 자세히 살펴보려고 한다.

모든 술꾼을 만족시키는 뛰어난 편안함

현관 미닫이문을 열면 저녁 바람을 쐬는 듯 대나무 장의자가 놓인 대기석이 있다. 왼쪽에는 앞쪽 3석, 뒤쪽에 7석의 L자형 카운터가 있다. 안쪽은 조리실로 가장자리에 오뎅통을 설치했다. 벽은 마디를 맞추어 배열한 가는 대나무의 광택이 아름답고, 카운터의

화장실을 지나면 작은 정원이 나타나는데 안쪽 다다미방의 품격을 높여준다.

윗부분은 아지로〔대나무 엮기〕마감, 발받침은 원목으로 되어 있다.

오른쪽은 다다미 3장의 작은 방으로 서로 마주보는 작은 테이블이 3개 있다. 앞쪽 대기석과는 장지(障子)〔종이를 바른 일본식 미닫이문〕로 구분되어 있으나 때로는 열어두기도 한다.

다다미방 오른쪽 끝에는 2층으로 올라가는 계단이 있고, 그 층계참은 가게가 붐벼 자리가 없을 때 단골들이 "잠시 여기 빌려요"라며 옆으로 앉아 맥주 상자 위에 쟁반을 놓고 테이블 삼아 술을 마시는 전용 좌석이다.

그 뒤쪽은 다다미 네 장 반 크기의 일종의 「마에 자시키〔손님을 맞이하는 공간〕」로, 놓여 있는 긴 탁자를 사이에 두고 여러 사람이 함께 마시기 좋다. 그 앞쪽은 밖으로 나있는 안뜰로 동백나무와 석등이 배치되어 있다. 앞쪽 오른쪽은 손 씻는 곳이고 안쪽은 남녀 분리된 화장실이다. 독립된 그곳은 정문보다 화려한 새끼줄 포렴이 걸려있고 살짝 가리도록 화분이 놓여 있다. 약간 취한 상태로 용무를 보러 나가면 자연스럽게 정원의 공기를 느끼게 되며 비가 오면 잠시 비 오는 모습을 지켜보게 되어 운치가 느껴진다. 눈이 날리는 모습도 본 적이 있다.

그 안쪽 옆에는 신발 벗는 큰 돌단과 작은 툇마루를 갖춘, 이른바 「오쿠 자시키〔일본 전통 가옥에서 중요한 행사를 치르는 넓은 방으로, 일반적인 자시키 가운데서도 안쪽에 위치한 공간〕」가 있다. 다다미 네 장 반의 중앙에는 호리고타츠〔테이블 아래로 다리를 넣을 수 있도록 만든 좌식 테이블〕를 두고, 그 위에 붉은 커다란 테이블을 놓았다. 오시이레〔붙박이장〕가 있는

2대째·이토 히로토 씨, 히로토 씨의 아들인 3대째·고키 씨.

흰 벽의 아랫부분은 남색으로 강조되어 있다. 툇마루로 오르는 장지문은 열어두어도, 닫아두어도 좋다. 사람들의 시선을 피해 조용히 술을 마실 수 있는 자리다. 예전에 내가 가르치던 대학의 졸업여행을 마치고 여덟 명쯤 함께 이곳에 와 술을 마셨는데, 모두에게 큰 호평을 받았다.

그 지점에서 본채는 끝나고, 바로 옆에는 별채인 여섯 조 다다미방, 이른바 '하나레 자시키'가 있다. 서원 양식의 바닥에는 꽃을 장식하고, 대각선으로 배치한 4인용 고급 테이블 두 개가 놓여 있어 각 테이블마다 네 명이 편안하게 술을 마시기에 알맞다. 건물의 콘크리트 보강 기둥이나 각종 설비 장비는 모두 히와다부키〔편백나무 껍질을 지붕재로 사용하는 전통 일본식 공법〕로 덮어, 드러나기 쉬운 요소들까지도 보이지 않게 처리한 세심한 배려가 돋보인다.

카운터→고아가리→마에 자시키→오쿠 자시키→하나레 자시키로 안쪽으로 들어갈수록 가게의 소란스러움이 멀어지고 인테리어는 고급스러워지며 아늑함이 달라진다.

오늘 처음으로 2층을 보았다. 오래된 벽시계가 걸린 계단을 올라가면 회랑이 있고, 유리문 너머로 기와집들이 한눈에 들어온다. 앞쪽 방은 여덟 조 다다미에 큰 탁자 두 개를 이어 놓고 방석 여덟 개를 두었다. 뒤쪽의 네 조 반 다다미방은 더욱 특별하다. 천장은 낮게 경사진 배 바닥 모양이고, 도코노마에는 장식 선반과 함께 큰 목조 잉어를 놓았으며, 가느다란 창으로 빛을 끌어들인다. 이 2층 방은 교토의 상류층 모임에 적합할 것이다.

내가 늘 앉는 자리는 카운터의 가장자리다. 이곳에 앉으면 이 가게의 손님임을 자각하게 되고, 자연스레 자세를 바르게 하며 '가게의 분위기를 내가 만든다'는 마음을 갖게 된다. 반면 그렇게 긴장하지 않고, 맞은편 고아가리 다다미방에서 혼자 테이블에 다리를 뻗고 앉아 약간 거리를 둔 시선으로 가게의 분위기를 관찰하며 술을 마시는 것도 무척 좋다.

마에 자시키 바로 앞에는 머릿수건에 흰옷을 입고 사카구라(양조장) 앞치마에 고무 장화를 신은 젊은 직원들이 항상 몇 명 대기하고 서있는데 그들이 동료처럼 "그건 뭐예요?" 하고 묻기도 해서 묘한 친근감이 생긴다.

오쿠 자시키에서는 편집자와 함께 천천히 마신 적도 있다. 언젠가는 하나레 자시키에서 신세진 사람을 초대해 잔치를 열고 싶다. 잔치라고 해도 술안주는 같고, 평소처럼 오뎅이나 니신니〔청어 조림〕로 마시는 게 좋다.

김이 올라오는 오뎅. 대형 오뎅 조리기 옆에서 술을 데울 수 있도록 되어 있다.

2대째 히로토 씨의 숙달된 칼솜씨.

가장 멋진 것은 카운터 위의 조명이다. 꽤 높은 베니어 천장에서 곧게 내려온 코드에 달린 흰색 갓의 알전구는 윗부분을 깊은 어둠으로 만드는 것이 절묘하다. 어두운 곳에서 내려오는 빛, 알전구란 얼마나 뛰어난 조명인가. 이 모든 수십 년 동안의 시간이 쌓여 형성된 분위기는 자연스럽게 자세를 바르게 한다.

위치는 교토 번화가의 중심인 시조카와라마치 일대와 기온에서 떨어진, 가모가와 강변의 가와바타 도오리, 니조 대교 근처다. 주변은 현지 소규모 회사나 일반 주택으로 이루어져 있어 관광과는 전혀 무관한 곳이다.

2층 건물의 구로누리 이타가베〔검은색으로 칠한 판자벽〕에 작은 나무문의 짧고 낡은 나와노렌〔새끼줄로 만든 포렴〕은 바꾼 지 얼마 안 되어 보이지만, 손님 접객을 한다는 느낌이 조금도 없이 소박하여 교토의 유명한 술집이라고 듣고 찾아 온 사람은 여기가 아니라고 생각할 것이다. 어딘지 부자연스러워 보이는 초라한 붉은 네온사인 「아카가기야」가 더욱 그런 느낌을 주며 관광 도시 교토와는 전혀 무관하게 오래전부터 묵묵히 이어져 온 고립된 분위기다.

처음 왔을 때 그 외관만 보고서는 교토까지 와서 이런 가게에 들어갈 필요는 없겠다고 생각했으나 그 후 교토에 온다는 것은 아카가기야에 오는 것이 되었고, 가게 앞 니조오하시 건너편에 있는 호텔 후지타가 단골 숙소가 되었다. 어느 날 방 창문에서 가게에서 만나기로 한 사람이 다리를 건너 가는 것이 보여 급히 따라간 적도 있었다. 그 후 호텔 후지타는 최고급 외국인 전용 호텔로 바뀌어서 나는 사용할 수 없게 되었다.

그러나 오후 5시에 문을 여는 가게에

맞춰 들어가 카운터 가장자리에 자리를 잡고, 맥주 첫 잔을 쭉 들이켜며 열린 현관 너머로 가모가와의 강바람을 느끼고 서쪽으로 지는 석양을 바라보고 있으면, '아아, 교토에 왔구나' 하는 기분이 든다.

현지인들이 찾는 진정한 교토

이자카야 아카가기야는 쇼와 7~8년(1932-33)경, 산조케이한의 다른 장소에서 영업을 시작했다. 당시 그곳에 술을 공급하던 이토 스에지로는 전쟁이 시작되자 '당신이 이 가게를 맡아주지 않겠나'라는 제안을 받았고, 쇼와 18~19년(1943-44)경 현재의 자리에서 '아카가기야'라는 이름을 그대로 이어받아 가게를 잇게 된다. 전쟁 중에는 술이 배급제로 운영되었고 출정 때문에 술이 구하기 어려웠지만 전쟁 후 쇼와 24년(1949)에 이전을 결정하고 당시 이미 100년이 넘은 가와바타의 이 건물로 들어왔다. 이전엔 숯가게였는데, 1층은 숯가마니와 리어카 보관 장소, 2층은 사무실로 사용되던 곳이었다.

처음에는 술과 간단한 음식을 내는 허술한 밥집에 가까운 형태였다. 점심시간이 되면 그 근처에서 일하던 일용직 노동자들이 가게 안으로 들어와 술 한 잔을 마시고, 마침 있는 안주 한 가지를 집어 먹었다고 한다. 쇼와 39년(1964)에 건물을 한 번 철거하고 부지를 정리한 후 외부는 경량 철골 구조로 만들고, 내부는 남겨 두었던 대만 편백나무 카운터와 대나무 칸막이, 기둥 등 될 수 있는 한 오래된 것들을 다시 사용해 꾸몄다.

아들 이토 히로토 씨는 중학생 시절부터 가게를 도왔고, 24, 5세가 되자 본격적으로 운영을 맡아 쇼와 64년(1989)에 아버지가 돌아가신 후 2대째를 이어받았다. 아버지 스에지로 씨는 말수가 적어서 가게를 계승하라는 말도 하지 않았으나 어머니 요시에 씨는 「이익은 원천에 있다」며 이익이란 우리가 이미 가진 것을 정직하게 다룰 때 자연히 생겨나는 결과물이니 물건도 시간도 낭비하지 말고 마지막까지 소중히 여겨야 한다고 가르쳤다.

나의 마음이 끌린 것은 관광용 가게가 아니라 현지인들이 찾는 이자카야를 찾았다는 느낌 때문이었다. 관광용 가게는 한 번만 가기 때문에 다소 사치도 하고 손님 대접도 기대하지만 현지인들이 찾는 이자카야는 양심적인 가격으로 저렴해야 하며 허울 좋은 교토의 분위기는 필요 없다. 교토는 대학 도시다. 이곳이나 우라데라초에 있는 서서 마시는 이자카야 다쓰미에는 대학 교수들이 많다. 노벨상 같은 어려운 이

오뎅 옆에서 데운 치로리의 술을 도쿠리에 따르는 3대째 고키 씨.

야기를 나누며 싸구려 술을 마시는 그 광경에서, 나는 비로소 진짜 교토의 생활을 보았다고 느꼈다.

손님들 또한 저마다의 방식을 가지고 있다. 어느 날의 풍경이다. 카운터 옆에 앉은 한 사람은 아무 말도 하지 않았는데, 기린 스타우트 흑맥주와 잔술, 이쑤시개가 차례로 놓였고 안주는 적당한 것을 골라 조금씩 내주는 것이 관례처럼 보였다. 그러다 마침내 흑맥주 한 잔만을 남겨두고서야, 그는 처음으로 목소리를 냈다. "술 한잔, 하모오토시〔갯장어 데침〕는 가볍게요."

그 사람이 일어나자 고아가리에서 안절부절못하고 마시던 사람이 기다리고 있었다는 듯 자신의 작은 접시를 들고 이동하여 여기가 자신의 지정석이라며 만면에 미소를 지었다. 만석으로 자리가 없으면 안면이 있는 사람은 카운터 끝부분에 의자를 놓아주는데 칼을 든 주인과 대화할 수 있는 특별석이 된다. 계단 위의 작은 공간에서 맥주 상자를 받침 삼아 마시는 자리라도, 단골들은 '여기면 충분해'라는 얼굴로 술을 즐긴다.

예전에는 배우 와타나베 후미오 씨가 '오차야(일반인이 바로 들어갈 수 없고, 소개를 받아야 이용할 수 있는 전통 접객 공간)에 데려가겠다'고 해 큰 기대를 품었던 적이 있다. 그러나 막상 자리를 잡은 곳은 좌식방이 아니라, 복도에 쟁반을 놓고 앉는 자리였다. 그는 "정말 죄송합니다만…" 하고 사과하듯 말한 뒤, 들락거리는 마이코들에게 "어서 오세요." 하고 인사를 건네며 스스로 잔을 채워 마셨다. 그러고는 작은 목소리로 "여기서 제대로 마시려면 10년은 걸립니다."라고 귀띔해 주었다.

교토는 처음 온 손님과 단골을 분명히 구분하며 그것이 변하지 않는 문화의 계승이 되고 있다. 나도 교토에 술을 마시러 다니기 시작하면서 조용히 있는 것이 가장 중요하다는 것을 깨달았다. '지금 도쿄에서는' 등의 이야기는 엄격히 금지되며 교토 사람들은 도쿄에 전혀 관심이 없다. 그렇게 조용히 마시며 회를 거듭하다보면 '오코시야스〔교토 방언으로 '어서 오세요'라는 뜻. 주로 손님을 맞이할 때 사용〕'라고 말해 줄 때가 온다.

나도 아카가기야에 다니기 시작했을 때는 앞에 있는 술 데우는 오칸반과도 이야기를 나누었으나 어느새 '언제 오셨나요?'라는 말도 듣지 않게 되었다. 나도 "맥주하고 시메사바(고등어 초절임)요"라고 주문만 하게 되었다. 하지만 마음은 통하고 있다는 것을 알 수 있었다.

그 오칸반이 기토 씨였다. 주문을 받으면 「메이요칸(明洋館)」이라고 적힌 커다란 술통의 나무마개를 돌려 가타구치〔주둥이가 한쪽에만 있는 형태의 그릇이나 도자기 용기〕에 따르고 그 가타구치에 담긴 술을 오뎅 위에서 스테인리스 치로리에 부어(조금 흘러도 괜찮다고 했다. 오뎅 국물이 된다고) 오뎅 조리기 통 옆의 칸쓰케 기구에 담그고 왼손 중지를 치로리 표면에 가만히 대고 있다. 중지가 온도계다. 적당하다 싶으면 꺼내서 두 손바닥으로 감싸 온도를 다시 확인하고 도쿠리로 옮긴 뒤, 또 한 번 물에 살짝 담갔다가 다시 손바닥으로 확인하고, 수건으로 닦아낸 다음 첫 잔은 직접 따라준다. 그 따르는 동작도 예술이다. 손님이 잔을 들어 올리면, 도쿠리의 배를 잔 가장자리에 살짝 대고 그대로 잔의 모양을 따라 미끄러지듯 내려오다가 도쿠리의 목 부분에서 멈추어 기울여 붓고, 다시 스윽 떼어낸다. 이렇게 하면 한 방울도 흘리지 않는다고 했다.

기토 씨는 "술을 데우는 일은 어렵습니다. 그날의 날씨, 단골 손님의 취향, 첫 번째 병과 두 번째 병의 온도도 다릅니다."라고 말했었다. 30년 전 처음 이 가게를 방문했을 때, 너무 마음에 들어 다음 날 또 찾아갔는데 기토 씨가 술을 따라주며 이렇게 말했다. "죄송합니다, 오늘은 어제보다 조금 더 뜨거워졌네요." 그 말과 그 순간이 너무 감동적이어서 그때의 인상이 지금도 선명하다.

안주는 가로가 긴 나무판에 적혀 있으며 오리 로스, 구미아게 유바〔두유를 끓일 때 생기는 얇은 막인 유바를 걷어 올려 만든 것〕, 뎃파이〔교토 전통 파인 구조네기와 오징어를 겨자 초된장에 무친 요리〕, 나스덴가쿠〔가지를 된장을 발라 구운 요리〕, 고마 도후〔참깨 두부〕 등 약 40종류가 있다. 나는 보통 계절에 맞는 생선회로 시작해 만간지 고추〔교토 대표적인 전통 고추. 맵지 않고 은은한 단맛〕와 사사카레이 야키〔가자미의 일종. 소금구이〕 그리고 나스토 니신니〔가지와 청어 조림〕 등을 먹는다. 오뎅은 무, 야키 도후〔구운 두부〕, 간모도키〔두부와 다양한 채소 등을 섞어 기름에 튀긴 요리〕 정도가 기본이다.

가게가 만원이 되어도 지나치게 취한 사람은 없었고 모두 조용히 술을 마신다. 그런 분위기를 만드는 것은 "가쓰오" 하면 "옙, 가쓰오 한 접시", "가쓰오 한 접시 감사합니다"라며 주문을 주인에게까지 큰 소리로 전달하는 반복 때문이었다. 카운터 뒤쪽이 주인의 호초바〔요리사가 칼을 사용하여 조리를 하는 장소〕이고 그 뒤쪽 불을 쓰는 조리 공간에는 30년 경력의 베테랑이 있다. 이 두 사람이 모든 요리를 책임진다. 술을 데우는 칸쓰케바에는 최근 3대째를 이은 아들 고키 씨(40세)가 맡아 30년 동안 근무하다 최근 은퇴한 기토 씨의 방식을 신중히 수행하고 있다.

서빙을 하는 사람들은 반팔의 흰 가운을 입고, 양조장 앞치마에 두건, 고무장화 그리고 가슴에 볼펜을 꽂은 아르바이트 학생들 네다섯 명이다. 쓸데없는 말은 전혀 없고, 항상 손님의 상태를 주시하는 운동부 출신 같은 날카로운 움직임은 정말 기분 좋다. 모두가 일에 집중하는 긴장감 있는 공기의 상쾌함이 좋다.

이곳은 대중 이자카야임에도 불구하고 「가게의 품격」을 느낄 수 있다. 그 품격은 주인의 미학으로 꾸며낸 인위적인 것이 아니라, 오래된 가게에 불필요한 손을 대지 않고 묵묵히 성실한 일을 쌓아온 시간이 손님들의 의식을 자연스럽게 높였고, 손님들이 만들어낸 품격이라고 할 수 있다. 이 점이야말로 「아카가기야」의 가장 큰 특징이다.

"항상 같은 것을 처음부터 만드는 것이 이자카야의 기본이며 대충할 수는 없습니다."라고 말하던 주인 히로토 씨는 고령으로 75세가 되어 호초바에는 불규칙적으로 서게 되었지만, "○○ 한 접시 감사합니다!"하고 또렷하게 외치는 그의 응답은 가게에 믿음을 준다. 과거에는 매일 찾아와 조용히 한잔하고 가는 단골들 덕분에 안정감이 들었지만, 최근 몇 년 간은 관광객이 증가해 단골이 한잔하며 머무는 모습이 줄어든 것이 쓸쓸하다고 한다.

이자카야는 단순히 먹고 마시는 곳만이 아니다. 그곳에만 있는 분위기에 몸을 맡기고, 자신이 그 가게의 손님임을 자랑스러워하는 곳이다. 여러분도 부디 이 가게의 공기를 지켜 주길 바란다. 교토가 자랑하는 이자카야 유산을 오래도록 소중히 간직해 주기를 바란다.

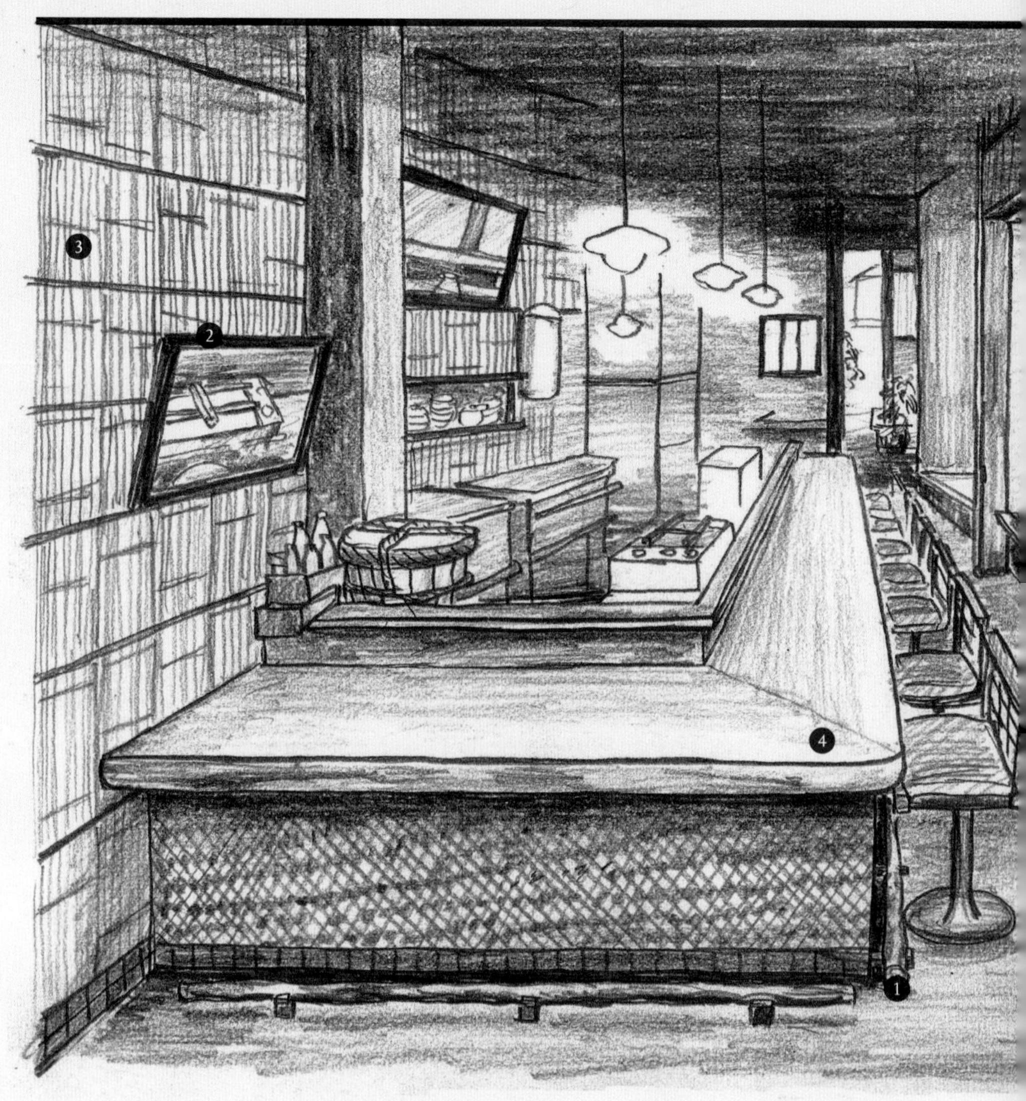

OUTLINE
점포개요

FOUNDED | 창업

창업은 쇼와 7, 8년(1932~33)경이다. 전후인 쇼와 24년(1949)에 니조 대교로 이전했다. 창업 당시에는 간이식당으로 식사를 제공했다. 초대는 스에지로 씨와 요시에 씨 두 사람이 운영했다.

HISTORY | 역사

창업은 산조 게이한 일대. 초대 주인은 현재의 점주와 무관하며 이름도 알려져 있지 않다. 처음에는 숯가게 건물에서 영업했고, 이후 술을 취급하게 되면서 여러 변천을 거쳐 이자카야가 되었다.

❶ 발판
카운터 발밑에는 통나무가 놓여 있다.

❷ 거울
카운터 안에는 일본 술 이름이 인쇄된 커다란 거울 두 개가 나란히 놓여 있다.

❸ 대나무 벽
잘게 쪼갠 대나무를 붙인 벽. 리듬감을 준다.

❹ 카운터
카운터를 받치고 있는 받침대는 격자무늬인 아지로로 장식되어 있다.

CUSTOMER | 고객층

교토가 관광지가 된 이후, 중년 남성뿐만 아니라 다양한 연령층이 방문하게 되었다. 그런데 단골손님들의 발길은 뜸해졌다고 한다. 단골손님들은 카운터에 앉는 경우가 많고, 옆자리에 앉으면 자연스럽게 대화가 시작된다.

FILE

창업	쇼와 7(1934)년
지역	교토부 교토시
창업 시 형태	간이식당
구조	경량 철골
점주	이토 고키(3대째)

카운터뿐만 아니라 선호하는 좌석은 다양하다

오른쪽은 빈자리 대기 코너이다. 겨울에는 석유 난로가 있어서 반갑다. 왼쪽은 한두 명이 앉는 고아가리 좌석.

계단 입구의 작은 계단참은 만석일 때 맥주 상자를 테이블 대신 놓고 마신다.

쇼인즈쿠리〔일본의 전통 건축 양식 중 하나로, 무로마치 시대부터 에도 시대까지 발전한 주거 양식이다. 무사 계급의 주택에서 널리 사용되었으며 공부방이나 서재 공간을 중심으로 발전했다. 양식의 특징 중 하나는 '치가이다나'인데 도코노마 옆이나 내부에 설치되는 선반으로, 여러 단으로 구성되어 있으며 장식품이나 서적 등을 진열하는 용도로 사용된다〕 양식의 하나레 자시키에 있는 도코노마에 장식된 꽃. 편안히 있으려면 이곳이 좋다.

일련의 술을 데우는 작업을 볼 수 있는 카운터 가장자리 좌석

술통에서 큰 주둥이 그릇에 술을 떠 치로리에 옮겨 담은 뒤, 오뎅 솥 옆에서 손가락 끝으로 온도를 재가며 데운다. 그렇게 맞춘 술을 마지막으로 도쿠리에 옮겨 손님 앞에 낸다.

DATA 아카가기야	교토부 교토시 사쿄구 마고하시초 9 / 075-751-1416 / 17:00~23:00, 일요일 휴무(월요일이 공휴일인 경우 휴무)

아카가기야의 구조

교토 특유의 길고 좁은 부지는 안쪽으로 갈수록 다양한 형식의 구조로 되어 있어, 접대나 모임 등 다양한 용도로 사용할 수 있다.

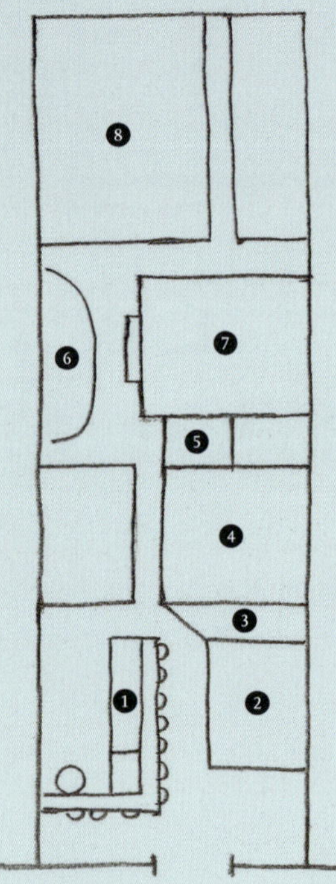

니조가와바타에 위치한, 원래 숯가게였던 집은 이자카야로 개조하기 위해 쇼와 39년(1964)에 한 번 철거하고 재건축을 했으며 점차 안쪽으로 넓혀갔다.

❷ **고아가리**

한두 명이 오면 여기에 앉는 것을 좋아하는 사람들이 많다.

❸ **계단**

2층으로 올라가는 입구. 계단 중간 벽에 벽시계가 있다.

❶ **카운터**

우선 혼자서 여기에 앉아 이 가게의 분위기를 물씬 느껴보자.

❹ **마에 자시키**

3~4명이 앉아 편안하게 대화하며 술을 마시기에 좋다.

❺ **손 씻는 곳**
현관보다 훌륭한
나와노렌(새끼줄 포렴)

❻ **쓰보니와**
실내와 자연을 잇는 작은 정원.

❼ **오쿠 자시키**
4~6명이 편안하게 시간을 보내기 좋은 방.
미닫이문으로 완전히 닫을 수 있다.

❽ **하나레 자시키**
쇼인즈쿠리 양식의 훌륭한 하나레 자시키. 여기서 술을 마시며 교토의 정수를 느껴보시길.

2층·다다미방

2층의 자시키는 잘 알려져 있지 않다.
여럿이면 이곳을 예약하고 아래에서 안주를 배달한다.

계단
2층에서 본 사진.

히로마〔회합 등을 위한 넓은 방〕
다다미 여덟 장에 옻칠을 한 큰 테이블. 모임장소로 좋다.

쓰기노마〔본채 옆방〕
안쪽 고마(4조반 보다 작은 방)는 후나조코 텐조〔배 바닥 모양의 천장〕로 더욱 풍류적으로 보인다.

가자리 다나〔물건을 장식하기 위한 선반으로 수납과 전시를 겸한 가구〕
도코노마 장식도 역시 교토답다.

赤垣屋

銘酒
神馬

3 JAPAN HERITAGE OF IZAKAYA

신메 神馬

여기서만 마실 수 있는 술을 찾아서

교토부 교토시 가미교구

옛날 가게가 넘치는 교토.
그 중에서도 압도적으로 화려함을
유지하며 고전적인 품격을 자랑하는
이자카야 「신메」. 가게 안 구석구석까지
세련되었지만 결코 잘난 체하지 않는,
어디까지나 '술집'다운 곳.
이곳을 찾아올 만한 이유라 할 여섯 가지
술의 맛은 그야말로 각별하다.
안주는 정통 최고급 교토 요리.
가족 같은 따뜻함이 대대로 이어지며
유산이라 부를 만한 술집의 풍경이
펼쳐진다.

가게를 안쪽으로 확장하면서, 이나리 사당이 있던 자리는 여러 돌로 꾸민 마른 연못과 큰 북 모양의 아치교를 본뜬 하시가카리〔노·가부키에서 무대로 이어지는 다리〕로 만들었다.

고전적인 가게의 품격 속에 소박한 술집의 분위기

천년 고도 교토에는 오래된 가게가 흔하다고 한다. 그렇다면 이자카야는 어떨까?

가미교쿠 센본나카다치우리에 자리한 이자카야 신메는 쇼와 9년(1934)에 개업해, 3년 뒤 현재의 위치로 이전했다. 이전한 건물은 원래 술집으로 쓰이던 곳으로, 다이쇼 천황 즉위 대전에 맞춰 앞길을 넓히는 과정에서 히키야〔건물을 해체하지 않고 수평으로 이동시키는 공사〕로 옮겨진, 약 150년 된 오래된 건물이다. 전쟁 전에는 근처에 또 한 곳을 운영하여 두 곳에서 영업하고 있었다. 전쟁 중 휴업 후 쇼와 28년(1953)에 재개업했으며 8년 후인 쇼와 36년(1961)에 내부를 개조해 현재의 흰 벽의 구라〔창고나 양조장을 의미하며, 특히 술을 만들거나 보관하는 곳을 지칭〕 구조가 되었다. 2층에서 초밥 집을 하던 시절도 있었다. 30년 전 처음 이곳을 찾았을 때, 나는 그 오래된 분위기에 단숨에 압도되었다.

거리에 면한 박공 지붕이 있는 2층 흰 벽의 두 창문 사이에 고테 문자〔벽에 회반죽을 덧발라 입체적인 무늬나 인물, 동물 등을 부각시키는 기법〕로 「명주 신메(銘酒神馬)」라고 쓰여 있다. 1층 작은 지붕 처마 위에는 기와로 된 쇼키〔중국의 전설에 등장하는 역귀를 쫓는 신〕가 있다. 현관 주변은 고풍스러운 담장으로 둘러싸여 있으며 가게 이름 「신메〔신사에 바친 말〕」와 어울리게 다양한 말 모양의 장식품을 늘어놓은 진열창이 있고, 「술의 신선이 사는 곳(酒仙郷)」이라고 적힌 현판과 짧은 나와노렌이 있고, 개점 시에는 둥글고 붉은 등이 켜진다. 그 풍모는 고급 갓포 요리점도 아니고 가벼운 선술집도 아니다. 화려한 옛 격조가 느껴져 문을 열기 전, 저절로 자세를 가다듬게 하는 그런 장소다.

들어서자마자 오래된 가게 내부의 분위기에 압도된다. 앞쪽에는 큰 ㄷ자형 카운터가 있고, 오른쪽 안쪽에는 길고 큰 테이블 좌석이 놓여 있다. 그 두 공간을 잇는 것은, 금색 기보시〔일본 전통 건축에서 난간에 사용하는 금속 장식〕가 달린 작은 다리다.

쇼와 36년(1961), 주거 공간으로 사용하던 뒤쪽을 활용해 가게를 확장할 때 이전에 이나리 사당이었던 곳을 발로 밟는 것은 좋지 않다고 생각해서 작은 마른 연못으로 만들고 석등롱을 세운 후 대나무 가케이〔물 도랑〕 시설과 쓰쿠바이〔돌로 만든 손 씻는 물그릇〕를 놓아 작은 다리처럼 건너가게 만든 멋스러운 연출이었다.

그곳에 있던 이나리 사당은 가장 안쪽의 작은 정원으로 옮겼다. 사당에는 늘 사카키 가지와 등불이 올려져 있어 지금도 정성을 다해 모셔지는 작은 신사임을 알 수 있다. 쓰쿠바이에는 항상 물이 떨어지고 있으며 옆에는 오다누키사마〔상인들의 수호신〕가 세 개 있다. 이 왼쪽이 남녀별 화장실로, 나는 용무를 마치면 반드시 사당에 손을 모으고 밤하늘을 올려다보며 잠시 바깥 공기를 쐬었다가 다시 자리로 돌아간다. 그렇게 하는 사람이 많다고 한다.

가장 안쪽에 놓인, 열다섯 명이 앉을 수 있는 변형된 긴 테이블은 뒤편 목재상에서 전쟁 전부터 말려 온 기둥을 당시 30만 엔에 사들여 만든 최고급품이다. 두께가 20cm에 이르고 굵은 다리 위에 그저 올려두었을 뿐인데도, 조금도 꿈쩍하지 않는다. 가게 안을 한 바퀴 두르는 녹색빛 자연석으로 마감한 낮은 벽은 창업 주인과 동창생인 나루타키〔교토 지역명〕의 석공이 만들어 주었다. 흰 벽면의 모서리에 낸 사선의 작은 창에는 세련된 대나무 격자가 들어 있고, 주방 출입구에는 처마를 달아 굽은 원목 기둥을 세웠다. 그 옆의 작은 선반 또한 솜씨가 좋다. 카운터 입구 쪽에 놓인 오뎅통을 덮은, 편백나무 껍질로 감싼 커다란 반원형 지붕 장식은 단연 압권이다. 그 기둥에 걸린 부동명왕의 그림은 손님이 가져온 것이다. 정서향(正西)을 향해 거는 것이 좋다 하여 그대로 두었더니, 주방을 곧바로 바라보는 자리가 되었고 결과적으로 매우 잘 어울린다.

압도적인 것은 좌우 벽면을 가득 채운 얕은 유리 장식장 속의 옛 도쿠리와 술잔 컬렉션이다. 도쿠리를 좋아하는 내 눈에도 상당한 명품들뿐이며 그 위에는 선반에 들어가지 않는 큰 도쿠리가 줄지어 있다. 찬장은 건물의 무게로 인해 유리문이 열리지 않아 영구 보존 상태가 되었지만, 지난해 천장을 교체하는 덕트 공사 때 기둥을 보강하자 다시 열리게 되었다. 현관 오른쪽 옆 계산대의 오래된 목재 금전등록기는 쇼와 30년대 제작된 두 번째 모델로 4자리까지 표시되며 최대 금액이 9,999엔이라 지금은 사용할 수 없지만, 광택이 나는 목재 표면은 정말 아름답다.

가게 곳곳을 장식한 교토 술「후리소데(振袖)」의 미인화 포스터와 젊은 야마모토 후지코의「겟케이칸(月桂冠)」포스터도 귀한 자료다. 카운터 왼쪽 뒤쪽 위의 검은색 마네키네코〔복 고양이 인형〕에게도 차양이 씌워져 있으며 에비스와 다이코쿠〔에비스는 어업과 장사의 신이고, 다이코쿠는 오곡 풍요와 재물운의 신〕의 웃는 액자도 좋다. 〈야마기시 준 선생·쇼와 31년경〉이라고 적힌 액자 속 스케치는 창업 당시의 외관을 보여주며 술을 담그던 큰 나무통이 현관 양쪽을 사이에 두고 서 있어 압도적이다.

이전의 가게 외관은 양쪽에 사람 키보다 높은 큰 통을 세워놓은 웅장한 모습이었다.

오래된 가게 내부는 구석구석까지 세련된 장식으로 꾸며져 있지만, 손으로 쓴 메뉴판을 아무렇지 않게 여기저기 붙여놓은 것이 소박한 술집 분위기를 풍긴다. 어느 날 앉아있던 손님은 건축업체 사람으로 가게의 오래된 장식을 유심히 살펴보며 현 주인 나오타카 씨에게 물었다. "이 가게에서 가장 가치 있는 곳은 어디라고 생각하세요?" "카운터가 아닐까요?"라고 답하자 "아니요, 이겁니다. 이렇게 곧게 켜진 무늬가 살아 있는 단판(柾目·마사메)의 넓은 한 장짜리 나무는 좀처럼 없습니다."라며 라며 현관문 아래쪽의 허리판을 가리켰다고 한다. 주인은 감탄하며 손으로 쓸어보았다고 한다.

현관의「술의 신선이 사는 곳(酒仙郷)」현판을 직접 만든 창업 1대인 사카타니 데이치는 열정적인 사람이라 항상 가게를 고치고, 다양한 물건을 수집했으며 손님이 가져온 것은 모두 장식하는 것을 원칙으로 하고 그걸 찬장에 진열해 이 가게의 분위기를 만들어냈다. 옛 성냥갑을 보여주었는데, 한 갑의 옆면에는 '센본 나카다치우리 가미루(上ル) 위생 우량점 / 전화 ○○'라고 적혀 있고, 다른 한쪽 면에는 다음과 같은 글이 적혀 있다.

상호불지기독 上戶不知其毒
하호불지기약 下戶不知其薬
神馬主人大吉(주인大吉의 붉은 인장)

그 뜻은 「술꾼은 술의 독을 모르고, 술을 마시지 않는 사람은 술의 약효를 모른다」가 아닐까. 다른 한쪽에는 칠언절구가 적혀 있었다.

천본재명소시위 千本在名所是謂
신마신선이미미 神馬新鮮而美味
불가득타산신역 不可得他山神亦
사지애호주장야 赦之愛好酒場也

〔센본은 이름난 명소라 이르고
신메의 음식은 신선하고 맛있다.
다른 곳에서 얻을 수 없어
신 또한 이를 허락하니
사랑받는 술집이로다.〕

칠언절구에서 주인의 풍모가 잘 드러나는 문구다. 신메를 지탱한 것은 데이치의 아내 토미 씨다. 차별 없는 태도로 경찰서장이나 권력자들도 그녀를 무시하지 못했고, 어느 날 신임 경찰서장이 찾아왔을 때 거만한 부하들이 이를 알리자 "그래서 뭐 어쨌다는 거요?"라고 말해 같이 있는 손님들의 불만을 해소시켰다. 또 어떤 건달이 공연 티켓인가를 팔러오면 묵묵히 열 장을 사서 "난 안 보니 가져가요"라며 돌려주었고 그때부터 그 건달은 얌전히 마시고 돌아갔다. 어떤 취객이 병 하나를 다 마시고 나서 "일 합〔약 180ml〕이 안 들어간 것 같다"고 트집을 잡자 그녀는 조용히 술 한 병

현관을 들어서자마자 보이는 풍경. 오른쪽 뒤쪽에 긴 테이블이 있다.

연대기적 계산대 앞에서 작업하고 있는 젊은 시절의 사카타니 요시오 씨.

을 더 내주며 "당신, 이거 잰 거요?"라고 한마디 했다. 밖을 서성거리며 안을 들여다보던 주머니 사정이 어려워 보이는 젊은이를 손짓해 앉히고 마시게 해주었다. 술을 너무 많이 마신 손님에게는 술병을 세어보고 "자, 당신도 이제 돌아가"라고 계산기를 두드렸다. 나중에 "토미 여사에게 한 번 호되게 꾸중 들은 덕분에, 지금도 여기 와서 술을 마실 수 있게 된 겁니다"고 말하는 사람들이 다시 찾아오기 시작했고, 집에 있는 아내에게 "신메라면 괜찮다"라는 말을 들었다고 했다.

점포의 역사에서 느껴지는
그 옛날 교토의 모습

내가 이 곳을 찾기 시작한 것은 2대째인 요시오 씨와 기요코 씨가 있던 시절로 요시오 씨는 쇼와 37년(1962)에 리쓰메이칸 대학을 졸업한 후 몇 년 후부터 가업을 돕기 시작했다. 사카타니 요시오(술의 계곡의 향기로운 남자)라는 훌륭한 이름이지만, 술은 잘 마시지 못해서 웃고만 있었다.

전후의 센본 거리 일대는 니시진 직물 공방과 '일본의 헐리우드'라 불린 우즈마사 촬영소 덕에 활기가 넘쳤다. 직물짜는 여성들은 쉬는 날 15일이 오면 영화를 보고 뭔가를 먹고 기념품을 사서 돌아갔다. 센본은 서민들의 동네여서 치지미 셔츠에 스테테코〔가랑이가 무릎까지 내려오도록 짧게 만든 홑바지〕, 배를 감싸는 하라마키, 그리고 조리를 신은 소탈한 차림 그대로 술집 문을 열고 들어왔다. 상점도 10시 넘어서까지 열려 있었고, 7개나 되는 영화관의 마지막 상영이 끝나면 술을 마시러 몰려들었다. 집에 술이 없던 시대라 여기서 술을 마셨고, 쇼와 30년(1955) 무렵에는 술 두세 병에 안주 두 가지로 약 250엔이면 충분했다고 한다.

젊은이들은 여기서 기세를 올린 뒤 근처에 있는 가미시치켄〔교토의 가장 역사

깊은 환락가) 유곽으로 나갔다.

미즈카미 쓰토무의 소설 『고반초 유기리로』(1950년의 금각사 방화사건을 소재로 한 소설로 가난 때문에 교토의 유곽에 팔려나간 여성과 그녀의 소꿉친구인 수행승의 비련을 그린 작품)는 이 마을의 이야기다. 단골 손님들은 일찍 일을 마치고 유녀를 데리고 와 술을 마셨는데, 그건 허세를 부리려는 것이 아니라 새장 속 같은 삶을 사는 여성들에게 좋은 음식을 먹이고 세상 구경을 시켜주기 위한 것이라 했다. 당시는 영화 전성기였으며 대학 시절 요시오 씨의 아르바이트는 영화 엑스트라로 내가 "칼로 베이는 역이었나요?"라고 물으니 "아니요, 행인이었어요"라며 웃었다. 촬영이 끝나면 스타 배우들은 가미시치켄으로 가고, 스태프들은 이곳으로 몰려왔을 것이다.

그 시절 교토의 모습이 생생하게 떠오른다. '교토 사람은 차만 마신다'는 이미지와 달리 교토에도 서민 생활이 있었고, 이자카야에서 술을 마셨다. 단골 중에는 영문학자 후카세 모토히로, 불문학자 이부키 다케히코, 독특한 화풍으로 주목받고, 미조구치 겐지 감독 영화 여러 편의 시대 고증을 맡았던 화가 이노쇼 타다오도 거의 매일 찾아와 칸쓰케 기구 앞, 카운터에 자리를 잡았다고 한다.

96세로 사망하기 전날까지 가게에 서 있던 어머니 토미 여사의 사망 후 요시오 씨는 한때 병이 들어 요리도 제대로 할 수 없었고, 가게에 가면 "오뎅 정도밖에 안돼요"라고 어깨를 늘어뜨리고 있었는데 헤이세이 13년(2001)에 교토의 오래된 전통 요릿집에서 오랫동안 수련한 아들 나오타카 씨가 돌아오자 재료 구매나 요리가 급격히 충실해졌으며 그의 밝고 차별 없는 성격으로 가게는 금방 활기를 되찾았다. "제 아들입니다"라고 처음 소개받았을 때 나오타카 씨의 씨의 환한 웃음을 보고 '아, 이 사람은 좋은 사람이다'라는 확신이 순간적으로 찾아왔던 걸 지금도 선명히 기억한다. 그 뒤로 다시 이곳을 찾는 발걸음이 자연스레 잦아졌다.

여기에서만 마실 수 있는 술과 최고 수준의 교토 요리

자, 이제 한 잔 해볼까. 이곳의 중심이 되는

3대째인 나오타카 씨와 어머니 기요코 씨.

술은 특이하게도 여섯 종류의 술을 섞어 만든 블렌드 사케다. 선대 주인이 양조장들과 공정하게 거래하고 싶다는 마음으로 모든 술을 섞어 팔아보았더니 오히려 평판이 좋아진 것이다. 어느 날 술집 관계자로 보이는 남자 셋이 와서 "당신네는 술을 섞어서 판다면서?" 하고 시비를 걸자, 토미 여사는 "너희 정체가 뭐야? 젊은 것들이 인사도 안하냐?"라고 한마디로 제압해버렸고, 그들은 주눅들어 돌아갔다. 다양한 잇쇼빙〔1.8리터 용량의 술병〕을 거꾸로 돌려가며(공기를 섞어 가볍게 만들기 위해) 큰 항아리에 붓고 천으로 덮고 나무 뚜껑을 올린 후 대나무 국자로 정확히 일 합(180ml)을 도쿠리에 담아 데운다.

그 데운 술의 맛이란! 예전엔 그 풍미를 표현하려고 '풍부한 맛'이라고 썼지만, 그도 그럴 것이 여섯 가지 술의 개성이 모두 어우러져 있기 때문이다.

그 주역은 여섯 구멍에 세 열로 된 총 열여덟 개의 도쿠리를 담글 수 있는 웅장한 구리 칸쓰케 기구다. 가게의 전성기에는 하루에 여덟 말의 술이 팔려 한 구멍도 비는 일이 없었다고 한다. 칸사케〔데운 술〕를 중시하는 이자카야는 대부분 보온성이 높은 구리 칸쓰케 기구를 사용하지만, 관리가 힘들다. 굵은 소금과 식초를 세제에 섞어 스펀지로 가볍게 문지르면 오래된 얼룩이 반짝반짝 빛나게 되지만, 너무 세게 문지르면 긁힘이 생기므로 적당히 조절하는 것이 중요하다. 나머지는 염분이 남지 않도록 조심스럽게 씻는다. 꽤 두껍게 만들었기 때문에 앞으로 50~60년은 문제없을 것이라고 한다. 이곳의 명물 오뎅통도 구리로 만들어졌지만 내부는 주석으로 코팅되어 있으며 구리와 주석의 조합이 온도를 가장 잘 유지한

독에서 국자로 180ml를 도쿠리에 따르는 나오타카 씨.

다. 다만 주석이 줄어들기 때문에 가끔 '코팅 전문가'를 불러야 한다고 한다. 이러한 관리로 수십 년간 이 가게를 지탱해 왔다.

"캬아…" 한 모금 들이키면 절로 이런 소리가 난다. 정말 맛좋다. 요즘 일본술은 명주 붐이 일고 있다. 어디의 어떤 술이 좋다고 전문가를 자처하지만(나도 그렇지만), 그와는 다른 '여기서만 마실 수 있는 술'을 마시고 싶다면 여기로 올 수밖에 없다.

그리고 안주. 주인은 '계절에 맞는, 맛있는 것'이라고 담백하게 표현하지만 나는 주저 없이 '최고급 요리'라고 부르고 싶다. 시장에 가면 좋은 생선에는 이미 '신메(神馬)'라는 종이가 딱 붙어 있어서 안 살 수가 없다며 웃는다. 먼저 겨울 대게와 여름 하모(갯장어)가 있다. 관동 지역 출신인 나는 교토 사람들의 하모에 대한 집착을 잘 몰랐다고 할까, 그렇게 맛있는 것인지 의심스러웠는데 이곳에서 완전히 바뀌게 되었다.

제철 생선이 풍부하게 갖추어져 있다. 겨울인 오늘이라면 히미 부리샤부〔히미산 방어 전골〕, 도야마 시로에비 가키아게〔흰새우 튀김〕, 하쓰호리 다케노코〔첫물 죽순〕와 타이노코 우마니〔생선 알 조림〕가 특히 맛있어 보인다. 비와 혼모로코 스야키〔비와호 민물고기 구이〕는 꼭 먹어야 할 메뉴이고, 구에〔자바리〕나 다이가시라도미 머리는 어떻게 주문할지 잠시 고민하게 된다. 메뉴를 들여다보는 동안 나온 오토시 산슈모리〔3종 모둠 안주〕에 대해 주인은 "손님이 고르지 않은 것 가운데 반드시 맛있게 느낄 세 가지를 신중히 고른다"고 말한다. 내가 고민하던 메뉴가 들어 있는 날도 있어, "아, 바로 이거다" 하고 웃으며 단품을 추가로 주문하게 된다.

나는 보통 생선회 세 가지를 먼저 부탁하고, 아이가모 로스〔오리 가슴살〕나 아와지 아나고〔붕장어〕 중에서 잠시 고민한다. 기술의 진가를 보여주는 구이 요리로는 와카사 가레이〔와카사산 건조 가자미〕나 타이 또는 부리 가마시오야키〔도미·방어 가마 소금구이〕 가운데 하나를 반드시 고르게 된다. 그리고 빼놓을 수 없는 것이 구지라 베이컨〔고래 베이컨〕이다. 그동안은 값싼 것만 알고 있었는데, 추천을 받아 먹어보고는 생각이 완전히 달라졌다.

외양포경이 조약으로 금지되면서, 2년 전 남극고래의 남은 분량을 모두 합쳐 60kg을 사 두었는데 그것도 2년 반 만에 모두 소진되었다고 한다. 한편 궁금해지는 것은, 부활한 구지라 고로 어묵〔고래 지방 어묵〕과 슷폰 고나베〔자라 전골〕다. 물론 마지막에는 사바 스시〔고등어 초밥〕나 아나고 보즈시〔붕장어 봉 초밥〕 가운데 하나를 고르게 된다. 이렇게 되면 오히려 단순한 아지 프라이〔전갱이 튀김〕나 야리이카 프라이〔화살오징어 튀김〕가 숨은 안주처럼 느껴지기도 한다. 게는 혼자서는 쉽게 주문하기 어려운 메뉴라 늘 아쉽다. 설날 다음 날, 옆자리의 중년 부부가 대게 한 마리를 시켜 노모에게 정성껏 살을 발라드리던 모습이 오래 기억에 남는다.

일본 요리의 최고봉으로 꼽히는 것은 교료리〔교토 지역의 전통 요리〕다. 세계유산으로까지 평가받을 만큼 명성이 높고, 나 역시 고급 가이세키 요리를 경험해 보았지만, 신메의 요리는 교료리라 불리는 교토식 요리의 정신을, 코스가 아닌 안주라는 형식으로 그대로 구현하고 있다. 그 기술은 완벽히 연마되어 있으면서도 과시적이지 않

주방에 서 있는 초대 여주인 토미 씨. 오뎅 국물의 맛을 보는 2대째 요시오 씨의 누나 스미코 씨.

고, 실질적이면서도 소홀함 없는 친근한 맛으로 다가온다. 비싼 것은 비싸고 싼 것은 싸다고 분명히 적힌 가격표는 이 집에 대한 신뢰를 만든다. 특별한 날이든 가볍게 한 잔 하는 날이든, 선택은 온전히 손님에게 맡겨져 있다. 이런 태도 덕분에 신메의 평판은 전국으로 퍼졌고, 이제는 먼 곳에서 일부러 찾아오는 손님도 적지 않다.

사람들이 성장하고 떠나고 다시 돌아오는 따뜻한 이자카야의 풍경

오늘은 개점 전의 나오타카 씨와 천천히 이야기를 나눴다.

가게를 이어받으며 바빠져 아르바이트 학생을 고용하게 되었다. 당시 도시샤 대학에 다니는 중국인 유학생은 여기서 일하며 4학년을 마치고 졸업해 귀국하게 되었고, 모두 함께 송별회를 열어주었다.

그의 동급생 M군은 성적 최우수이면서 연간 50만 엔의 상환 면제 장학금이 나오기 때문에 4년간 계속 최우등생을 유지하며 자신의 생활비는 매일 여기서 아르바이트로 충당했고, 학업과 아르바이트 외에는 아무것도 하지 않고 무사히 졸업해 지금은 교토에서 웹 관련 일을 하고 있다.

교토 외국어대에 입학한 오사카 출신 여학생 K양에게 부모는 "신메 말고는 아르바이트를 하지 말라"고 했다. 부모는 가게에 직접 편지까지 보냈고, 통학 거리가 멀었음에도 K양을 신메 근처에 살게 했다. 아마도 딸의 자취 생활을 대신 보살펴 주길 기대했던 것일지도 모른다. 자주 보게 되어 얼굴을 익힌 나는 미모와 지성을 겸비한 K양이 국제선 객실 승무원 같은 일이 잘 어울릴 것 같다고 생각했는데 과연 본인이 제일 희망하는 전일본공수주식회사(ANA)에 입사 결정이 났다는 소식을 들었을 때는 마치 내 일처럼 기뻤다. 아르바이트 마지막

날에는 오사카에서 부모님과 여동생이 감사 인사를 위해 이곳을 방문했고, 나도 인사를 나눈 적이 있다. 나오타카 씨의 어머니도 "저런 성격 좋은 아가씨는 없었다"고 말했다.

교토부립대의 M군은 부모가 나오타카 씨와 친분이 있어, 오래전부터 "아르바이트를 한다면 이곳에서"라는 부탁을 받아왔다고 한다. 최근 그는 졸업을 앞두고 제국호텔 입사가 결정되었다. 면접에서 아르바이트 경력을 묻자 그는 솔직하게 이자카야 신메라고 답했는데, 그 대답을 제국호텔 사장이 기억하고 이후 교토 출장을 올때 비서를 통해 이곳을 찾아보고 싶다는 연락을 해왔다. 당일, 본인과 나오타카 씨, 그리고 어머니까지 모두 긴장했지만, 사장은 오히려 친절하게 "우리 회사에 입사해 주실 분입니다"라며 명함을 남기고 돌아갔다.

교토는 학생을 소중히 여기는 도시다. 비록 이자카야 아르바이트라도 부모는 인정하고 주인도 소중히 대한다. 신메의 학생 아르바이트생에 대한 신뢰는 나오타카 씨의 인품에서 비롯된 것이다.

현재는 7인 교대제로 운영되며, 항상 세 명이 남녀 구분 없이 같은 검은 티셔츠를 입고 묵묵히 일한다. 그 모습만 바라보고 있어도 괜히 기분이 좋아진다.

연말 마지막 대청소는 전통적인 가위바위보로 담당을 정했고, 가장 까다로운 칸쓰케 기구 세척은 2년 연속 같은 남학생이 머리를 긁적이며 맡게 되었다. 또 가장 고된 작업인 환풍기 청소는 다음 해 졸업을 앞둔 여학생이 맡아, 마지막 봉사라는 마음으로 반짝반짝 마무리했다고 한다.

"하하하, 나오타카 씨는 어떻게 되었지요?"

나오타카 씨는 수련을 마치고 가게로 돌아와 에리 씨와 결혼한 후 곧 아이를 얻었는데 쌍둥이였다. "이제 일할 수밖에요"라고 웃었는데 나중에 아이들의 안부를 묻

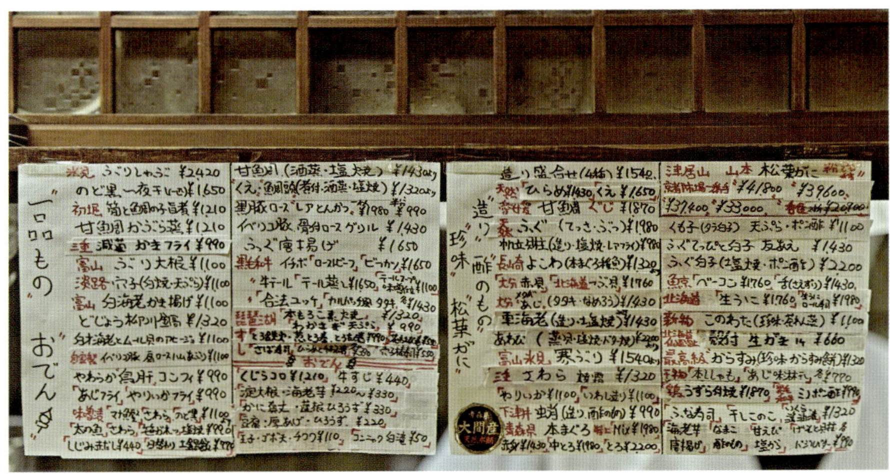

일본 술의 종류뿐 아니라 요리 종류도 풍부하다.
홋카이도에서 규슈까지의 식재료를 사용한 메뉴가 손글씨로 적혀 있어 압권이다.

자 "유치원 다녀요. 그 아래도 생겨버렸어요."라고 걱정 없이 말했고, 그 후 위의 두 아이는 긴키대학과 관서외국어대에 진학하고 호주 유학을 마친 후 중국에서도 공부했다고 한다. "이제 원하는 대로 하게 해야지요"라고 다시 웃음을 지었다. 지금은 국토교통성, 홋카이도 호시노 리조트에서 일하고 있고 막내 아들은 긴키대학에 재학 중이다. 각자 독립한 뒤에도 "계속 일할 수밖에 없네요"라며 언제나처럼 웃는 그 웃음에서는, 자식들을 향한 너그러운 사랑이 느껴진다. 아들은 어릴 적 "엄마는 무서워요. 음식은 골고루 먹어야 해요. 싫어도 억지로 먹어야 해요"라며 울면서 밥을 먹었고, "아빠가 더 다정해요"라고 말하곤 했다고 한다. 아빠가 자상해서인지, 남자아이를 씩씩하게 키우려 했기 때문인지, 엄마가 엄격했던 그 역할 분담은 지금 생각해보면 오히려 이상적으로 느껴진다.

3대째를 잇는 나오타카 씨가 무엇보다 소중히 여기는 원칙은 「손님과는 늘 오대 오로 말한다」는 것이다. 거만하거나 폭력적인 손님에게까지 고개를 숙이면, 주변이 위축되고 가게의 공기가 흐트러진다. 또 「이미 다른 곳에서 술을 마신 손님은 받지 않는다」는 방침은 과도한 취객을 미리 막기 위한 것이다.

창업한 할아버지가 정성껏 일군 가게는 지금도 굳건히 남아 있고, 할머니 토미 씨의 강직한 기개 역시 대대로 이어지고 있다. 내가 신메를 찾는 이유는 술과 요리, 건물 때문만은 아니다. 이곳에 흐르는 가족 같은 따뜻함, 그 태도까지 포함해서다. 이것 또한 소중한 이자카야의 유산일 것이다.

오뎅통 위 편백나무 껍질로 감싼 처마의 곡선이 훌륭하다. 기둥에 걸린 것은 행운을 상징하는 말발굽 철제 장식이다.

OUTLINE
점포개요

FOUNDED | 창업

쇼와 9년(1934)에 창업하여 2024년에는 개점 90주년을 맞이했다. 개점 이래, 센본나카다치우리에도 가게를 두고 있다. 전쟁 후 사업이 안정되기 시작하면서 가미교쿠로 이전했고 이자카야 건물을 개축했다.

HISTORY | 역사

쇼와 20년(1945)의 교토 공습의 영향으로 영업 중단 후 쇼와 28년(1953)에 영업 재개했다. 이전에는 1층이 대중 술집이고 2층이 초밥집으로, 2대째인 요시오 씨는 초밥 만드는 법을 배웠다. 이후 경기 침체로 초밥집은 폐점했다.

CUSTOMER | 고객층

1~2명의 소규모 고객이 주로 방문한다. 단골손님과 관광객 차별이 없고, 최근에는 여성 고객이 증가하고 있다고 한다. 전통적인 분위기를 유지하면서도 가정적인 분위기가 흐르고 있어 문턱이 높지는 않다.

FILE

창업	쇼와 9(1934)년
지역	교토부 교토시
창업 시 형태	대중 주점
구조	목조 2층 건물
점주	사카타니 나오타카 (3대째)

❶ 붉은 등불
짧은 새끼줄 포렴과 함께 붉은 등불이 가게 앞에서 손님을 맞이한다.

❷ 고테 문자
현관 상단에는 창문 사이에 끼워진 형태로 「명주 신메」라는 고테 문자가 조명을 받고 있다.

❸ 말 장식물
가게 이름과 관련된 다양한 말 장식물이 놓여 있다.

❹ 입구
양조장 같은 외관이 특징이며, 유리문에 가게 이름이 적혀 있다.

❺ 현판
현관의 기와 차양 위에는 「슈센쿄(酒仙郷)」라고 적힌 현판이 걸려 있다. 酒仙郷는 술(酒)과 신선(仙)이 머무는 이상향을 뜻하는 말로, 이자카야에서는 현실의 규범과 위계를 잠시 내려놓고 술을 매개로 쉬어 가는 '또 하나의 세계'를 가리킨다.

가게 안 곳곳에 볼거리가 가득하다

가게 안쪽에서 현관을 바라본 모습.

대나무 격자로 구분된 스미키리카쿠 창문과 녹색 자연석으로 된 고시카베(바닥부터 허리 높이(약 90cm~120cm) 정도까지 상부와 다르게 마감한 벽)

옛 아사히 맥주 포스터가 추억을 자아낸다.

높이 30cm나 되는 검은색 마네키네코.

칸쓰케 기구나 도쿠리 컬렉션 등 술 관련 도구

평소에는 선반에 보관되어 있는 도쿠리 컬렉션.

총 18개의 도쿠리를 데울 수 있는 구리 칸쓰케 기구. 관리가 상당히 힘들다고 한다.

천으로 덮인 항아리에는 6개의 브랜드가 섞인 술이 들어 있다.

현관 근처에 놓여 있는 목제 계산대. 4자리, 9,999엔까지 입력 가능한 최고 금액 때문에 현재는 사용하지 않는다.

DATA 신메	교토부 교토시 가미교쿠 센본도오리 나카타치우리아가루 니시가와다마야초 38 / 075-461-3635 / 17:00~21:30 / 일요일 휴무

スタンド
スタンド
お支払は
現金のみで
ございます。
京極スタンド

京極スタンド
교고쿠 스탠드

교토의 기풍과 레트로 모던한 감각

교토부 교토시 나카교쿠

신교고쿠의 화려한 상점가 안쪽
하얀 타일 외벽에 선명하게 눈에 띄는
붉은 디자인 글자「스탠드」.
가게 안에는 멋스럽고 화려한
타일바닥이 펼쳐지고
압권은 긴 대리석 카운터 테이블.
레트로 모던한 식당 분위기 속에서
한 잔 술과 한 끼의 식사가
자연스럽게 공존하는 술집.
친절하고 세심한 가게의 태도에
전통과 진취적인 기풍이 어우러진
교토의 일상을 엿볼 수 있다.

천년 고도 교토를 대표하는 레트로 모던한 서양식 술집

교토, 신교고쿠. 내가 처음 방문한 것은 중학교 3학년 때의 수학여행이었다. 산이 깊은 신슈와 전혀 다른 화려한 상점가를 단 한 벌뿐인 학생복을 입고 걸으며 눈이 휘둥그레졌고, 분명히 기쿠이치몬지〔칼집·과도 전문점〕에서 작은 칼을 샀다. 그때는 몰랐지만 술집 「스탠드」는 쇼와 2년(1927)에 창업했으니 그 시절에도 이미 여기에 있었을 것이다. 그로부터 60여 년, 이제는 단골이 되었다.

신교고쿠 거리 보도에는 검정, 적갈색, 회색 등의 포석이 바둑판 모양으로 깔려 있으며 높은 유리 천장 사이로 들어오는 햇빛이 온화하게 밝다. 「스탠드」는 각을 살려 단정하게 만든 하얀 타일 외벽 위에 붉은 도안 글자 '스탠드'가 입체적으로, 또렷하게 눈에 띈다. 디자이너인 나는 전쟁전의 도안 문자체가 그대로 쓰이고 있다는 점에 가장 먼저 흥미를 느꼈다.

그 아래, 양쪽 유리 쇼윈도 사이에 위치한 스윙도어 두 짝으로 된 출입구가 있고 같은 로고가 그려진 포렴이 걸려 있다. 큰 둥근 전등을 받치는 양쪽 원형 기둥의 목재 윤기도 아름답다. 레트로 모던한 식당 같은 분위기는, 교토가 지켜온 오차야〔전통 접객 공간〕와 가이세키집〔고급 음식점〕의 미감을 바탕으로 하면서도 새로움을 향해 나아가 온 교토, 그 태도의 한 표본이라 할 수 있을까.

문을 밀고 들어가면 직사각형 가게 안 오른쪽에 흰 대리석 카운터 테이블이 직선으로 뒤쪽까지 약 6~7미터나 길게 뻗어 있으며 양쪽에 원형 의자가 각각 열 개씩 배치되어 있다. 이렇게 긴 대리석 테이블은 본 적이 없다. 내부 왼쪽에는 높은 나무 원형 탁자가 4개 있으며 같은 원형 의자로 둘러싸여 있다. 정면은 가슴 높이까지 오는 하이 카운터로 맥주 서버 등이 놓인 배식용 공간이다.

흰 벽이 곡선으로 올라간 천장 중앙을 배의 바닥을 거꾸로 한 형상으로 한 층 두껍게 만들어 벽을 향한 간접 조명을 사용했으며 흰색 원형의 화려한 천장등도 설치하고 큰 날개 선풍기 두 대를 설치했다. 아쿠아 유리판을 가는 틀로 세분한 세련된 벽걸이 조명이 천장을 비추고 있고 양쪽 벽은 거울로 둘러싸여 가게를 넓게 보이게 한다.

이 분위기는 예전에 나폴리에서 방문한 바와 아주 닮았다. 최근 도쿄 주변에는 이런 인테리어의 가게가 많지만 창업 연도가 무려 쇼와 2년(1927)이라면 이야기는 다르다. 새 가게들과 비교할 수 없는 품격이다. 처음 들어간 나는 일본에서 그것도 고도 교토에 이런 서양식 술집이 있다는 것에 놀라움을 금치 못했다. 이후 교토를 보는 시선이 조금 달라졌다.

오랜 역사를 자랑하는 가게의 역사가 인테리어에 엿보이다

「스탠드」는 2022년 창업 96주년을 맞이했다. 쇼와 2년(1927) 스기야마 하루오와 아내 나쓰 부부가 메이지 시대의 목조 모르타르 건물을 구입해 개조하여 창업했다. 그 당시 신교고쿠에는 아직 아케이드가 없었고 쇼와 50년(1975)경에 생겼다. 2대는 히로시가 이어받았고, 지금은 3대 사다유키(올해 60세)가 건물의 기본 인테리어는 예전 그대로 두고 이어받은 지 15, 6년이 되었다.

개업 당시에는 들어가면 바로 ㄷ자형

KIRIN
KIRIN
大

角ハイボール
500円他
¥900
スタンド自慢の一杯を ぜひご賞味ください。
中 550円
大 850円
牛ステーキ 850
豚バラにんにく 700
鴨ロース 600
ピリ辛ウインナ 550
ハモ天ぷら 750
かす汁 500
かきフライ 850
めかぶ 440
くらげのうに 470
きずし 650
自家製コロッケ 750
こいも 470
柳川なべ 900
おいしいジムビームハイボールを提供しています。
¥500
JIM BEAM
月桂冠 特級一合 550
月桂冠 一級 750
月桂冠 一級一合 470
月桂冠 たる酒 470
赤ハイ

グラスワイン
赤・白
各 550円
ハイボール
・バランタイン
・I W ハーパー
各 550円
月桂冠 生酒 700
酎ハイ 450
キリン瓶ビール 700
バランタイン I.W.ハーパー ハイボール 550
キリン黒ビール 500
甘濃い梅ワイン
¥700
牛ステーキ 850
ビフカツ 800
ホルモン焼 800
かしわ揚物 650
鴨ロース(くんせい) 600
ぶたポンズ 580
かきフライ 850
豚ばら にんにく 700
はもの天ぷら 750
ハムカツ 600
えびフライ 550
シュウマイ 450
オムレツ

천장등과 날개 선풍기를 교대로 배치하고 양 옆을 띠 모양인 간접 조명으로 설치해 만든 훌륭한 천장. 천장과 벽은 곡선으로 연결해 선을 드러내지 않았다.

대리석 카운터가 있었고 손님은 안쪽, 점원은 바깥쪽에서 서비스를 했다. 「스탠드(stand)」는 「서다」라는 뜻이라 서서 마시는 술집으로 생각되었으나 사카야의 마스〔일본식 나무 사각 잔〕에 담긴 일본 술을 서서 마시는 선술집과는 달리 맥주 중심의 서양식 스탠딩 바는 당시로서는 매우 현대적이었을 것이다. 맥주 서버가 없던 옛날에는 얼음으로 식힌 콜게이트 튜브〔얼음을 사용하는 초기 맥주 냉각 장치〕를 썼다고 한다. 이후 ㄷ자형 카운터는 없애고 가족 단위 손님도 오기 쉽도록 원형 테이블을 놓았다.

당시부터 전혀 변하지 않은 것은 불규칙한 모양으로 깔린 검은 돌바닥이다. 세월에 닳고 닳아 매끈하게 둥글어진 표면은 바깥에서 들어오는 빛을 받아 반짝이고, 바닥 전체는 약간 경사가 져 있어 청소 후 물이 밖으로 자연스럽게 흘러나가도록 되어 있다.

오늘은 개점 전 한 시간을 내주셔서, 가게를 더 자세히 둘러보기로 했다. 가장 눈길을 끄는 것은 타일이다. 가게를 한 바퀴 두른 허리벽은 갈색 정사각형 타일을 두 줄 가로로 나란히 깔고 그 사이를 녹색의 가는 가로줄 타일로 구분했다. 정면에 있는 하이 카운터의 기둥 부분은 더 작은 적갈색 타일을 네 줄 나란히 깔고 여기에 감색 가로줄 타일을 더했다. 대리석으로 된 긴 카운터 테이블의 받침대는 한 장의 타일을 짙은 갈색·흰색·진한 감색으로 나누어 구워낸 화려한 것으로 세월이 흐르며 은은하게 빛이 죽은 맛이 근사하다.

약 20년 전에 들어선 시조카와라마치의 찻집 「쓰키지〔쇼와 9년(1934)에 창업한 노포 다방. 교토에서 처음으로 비엔나커피를 제공한 가게로 유명하다〕」를 찾았을 때도 그랬다. 유럽 산장의 클래식한 분위기, 끼익거리는 계단, 멋진 조각과 방대한 SP 레코드 컬렉션도 훌륭했지만 내가 그 가게에 발을 들인 결정적 계기는 현관 주변에 깔린 화려한 타일이었다. 그 타일은 타이잔 타일(1917~1975, 교토) 제품으로, 규격품을 대량 생산하는 대신 유약과 불꽃이 만들어내는 한 장 한 장의 차이를 중시한 것이었다. 그 이후로 나는 타일을 좋아하게 되어 오래된 건물에서 타일을 발견하면 유심히 살펴보게 되었다.

사다유키 씨의 할머니 말에 따르면 이곳의 내장은 창업 당시 일본에 입항했다가 고장으로 귀국하지 못한 외국 선박의 타일을 나눠 받은 것이라고 한다. 긴 카운터 아래의 삼색 타일은 당시 일본에는 없는 드문 것이었다.

놀라운 것은 전국의 이자카야, 바를 돌아다녀도 본 적 없는 긴 대리석 카운터다. 폭 약 50센티미터인 테이블은 자연스럽게 앞의 손님과 마주보게 되며, 벽 쪽을 향하고 앉으면 거울에 비친 자신의 얼굴도 보인다. 이런 레트로 모던한 가게에 간장을 놓고, 겟게이칸 포스터〔1637년에 창업한 일본술 브랜드〕나 현재의 맥주·츄하이 포스터를 여기저기 붙이고 가미다나〔집안에 신을 모셔 놓은 선반〕도 있고, 마이코 부채〔게이샤와 마이코가 여름 인사로 단골 손님에게 나눠주는 자신의 이름과 가게 이름이 들어간 부채〕가 늘어선 모습은 묘한 광경이다. 손님들이 쓴 사인판(내 것도 있다) 이런 것들을 싹 정리한다면 정말 세련된 가게가 되어 젊은 여성들도 좋아할 것 같은데… 하고 생각하게 된다.

쇼와 2년(1927)에 개점했기에 에어컨 시설은 없고 날개형 선풍기뿐이다. 지금은 오른쪽에 대형 에어컨을 설치했지만, 에어컨을 켤 때는 개점 전에 한동안 가동시켜서 공기를 섞어둔다고 한다.

그 에어컨에 살짝 가려진 액자에는 「증(贈) 교고쿠스탠드 님에게 / 겟케이칸 오쿠라·기린 맥주 주식회사」라고 적혀 있다. 큰 판자 한 장을 가득 채워 '대입(大入, 장사가 잘되고 손님이 끊이지 않기를 바라는 축원의 말)' 두 글자를 볼륨감 있게 주홍색 가죽으로 장식하고, 글자는 금박으로 처리했다.

창문에 장식한 미니 금전등록기, 행운을 부르는 고양이,
몇 주년을 기념하는 술잔이 가게에 대한 애정을 말해준다.

ど
KIRIN BEER
LAGER BEER
おいしく適量を。

또 가게 정면 오른쪽에는 같은 기증자가 보낸 또 하나의 액자가 걸려 있는데, 검은 액자 안에 선홍색 비단 바탕을 깔고 '대입' 글자를 전면 금박으로 장식했다. 두 액자 모두 세로·가로가 1미터를 훌쩍 넘는 크기로, 압도적인 존재감을 풍긴다.

그 사이에 장식된 마이코를 그린 유화는 메이지 시대 출생 화가 다나카 젠노스케의 젊은 시절 작품으로 창업자 나쓰 씨가 응원 차 구입했다. 다나카는 후에 쓰치다 바쿠센, 쓰다 세이후 등과 함께 신흥미술협회를 창립하여 메이지를 대표하는 서양화가가 된다. 그 옆의 새 그림은 다나카의 제자 이와이 야이치로의 작품으로 이 역시 다수 구입했다. 이와이의 작품은 고향 사카타의 혼마 미술관에 잘 보존되어 있다.

가게 바로 왼쪽 계산대에 놓인 창업 당시부터의 오래된 금전등록기는 미국 「National」제품을 전문 금고 업체가 Dollar Cent를 Yen Sen으로 바꿔 팔던 것이다. 네 자리까지라 지금은 사용할 수 없지만 금고 대신 두고 있으며 측면 핸들 주변에는 교토 유곽 하나마치인 미야가와초 소속 마이코들의 명함(마후메다)이 빼곡히 붙어 있다. 옆에 붙여둔 「Please order one drink……」라는 메모는 교토에 오는 많은 외국 관광객을 위한 것 같은데 이렇게 자기 나라와도 같은 정취를 가진 이 가게에 어떤 감회를 품게 될까.

선진적이고 모던한 교토의 가게에서 편안한 술과 식사를 즐기다

외부 간판에 「술·가벼운 식사」라고 쓰여 있듯 술집이면서도 항상 식사가 가능하다. 그럼 지금부터 점심시간이지만 맥주 한 잔 할까. 기린 맥주 작은 병으로 마실 때는 햄카쓰의 굵은 튀김옷이 좋고, 인기 넘버원인 수제 고로케는 곁들인 생야채도 푸짐하다. 스지 니코미 곤약〔소 힘줄과 곤약을 조린 요리〕 안에 들어간 곤약도 맛있다. 햄버그·새우튀김 두 개·스파게티·밥·된장국·쓰케모노〔일본식 절임 채소〕가 포함된 저렴한 900엔짜리 스탠드 정식을 먹는 손님과, 맥주와 에다마메〔삶은 풋콩〕로 한잔하는 사람이 아주 자연스럽게 공존하는 것이 바로 바(bar)다.

가게에서 일하는 점원들의 친근한 응대가 안정감을 주어 점심시간에 여성 손님도 많다. 예전에 대리석 카운터에서 혼자 술을 마시고 있었는데 눈앞의 원형 테이블에 도쿄의 유명한 이자카야 「신스케」 주인과 단골손님인 인형 작가 요쓰야 시몬 씨, 그리고 또 한 명이 앉아 있었다. 술 마시려고 교토에 왔다가 신칸센 타기 전에 한 잔

계산대에는 미국제 금전등록기가 놓여 있고 마이코의 하나메이시〔마이코나 게이샤가 가진 명함의 일종〕가 붙어 있다.

더 하려고 들렀다고 했다. 오른쪽에서 왼쪽으로 적힌 붉은 도안 문자 「スタンド(스탠드)」가 붉은 글씨로 적힌 계산서는 좋아하는 사람들이 많아 메모장으로 팔고 있다. 그 전표로 계산하고 밖에서 다시 양쪽 쇼윈도를 바라보았다.

유리 진열대 네 칸에는 창업 60주년 기념 술잔, 두꺼운 주석으로 만든 치로리, 오른쪽 쓰기로 「교」와 「고쿠」 사이에 「스탠드」라고 새겨진 백자 잔이 놓여 있다. "이건 갖고 싶다…" 싶을 만큼 예쁘다. 거기에 크고 작은 마네키네코(복고양이)와 아주 작은 금전등록기 모형이 늘어선 것도 좋다. 또 뚱뚱한 요리사 복장의 남녀 한 쌍인 도자기 인형이 귀엽다. 쇼윈도에는 지나가는 행인에게 무언가 말하고 싶어하는 이 가게의 애정이 가득하다. 그리고 〈에다마메 420엔〉 〈치즈 450엔〉 〈오믈렛 550엔〉처럼 별도로 샘플로 보여주지 않아도 알 수 있는 메뉴를 멋진 가게 이름 마크가 새겨진 접시에 성실하게 늘어놓는 모습은 "특별한 건 없지만 정성껏 만들어드리겠습니다"라고 말하고 있는 것 같다.

나는 교토가 오래된 사찰과 신사가 있는 일본적인 마을이긴 하지만, 오히려 복고풍이 모던하게 재해석된 곳이 많은 마을이라고 생각하게 되었다. 그것을 전하는 소중한 가게 하나가 일상 속 가게로서 계속 이어지고 있다.

쇼윈도가 두 개나 있는 이자카야는 드물고, 오믈렛, 치즈, 에다마메 등 샘플을 놓지 않아도 알 수 있는 메뉴인데 성실하게 진열한 점이 좋다. 여기에 서있는 두 인형을 보면 이 가게를 알아주길 바라는 마음이 넘친다.

大倉記念館
祝
創業60周年記念
くらげうに合
¥470−
エビフライ
¥550−
Memo Pad
B7 50 sheets
焼 豚
¥700−
まぐろ造り
¥900−
柳 川
仲間たちの心と心が通い合うスタンド。
つながろう、
ラガーで。
キリンラガービール
とんかつ
¥750−
シューマイ
¥450−
かしわ揚げ
¥650−

酒処 軽食
スタンど
クリームソーダ
ハイボール
650円
スタンド
KIRIN

KIRIN
LAGER
BEER
スタンド
150
新京極商店街
フクロウの森
京都ひょうご猫の森
京都新京極
150
新京極商店街

OUTLINE
점포개요

FOUNDED | 창업

쇼와 2년(1927)에 두 점포 중 북쪽 점포가 창업했다. 현재 영업을 계속하고 있는 곳은 남쪽 점포이며 이곳은 쇼와 4년(1929)에 영업을 시작했다. 내외장은 당시 그대로 변함없다. 목조 모르타르의 메이지 시대 건물이다.

HISTORY | 역사

지방 출신인 초대 창업주 하루오 씨와 나쓰 씨는 도쿄에서 만나 아사쿠사에서 뭔가 장사를 하려고 생각하던 차에 간토 대지진이 발생했다. 여러 업종을 거쳐 음식업으로 자리를 잡고 신교고쿠 상점가에 가게를 열었다.

❶ **축하 액자**
가죽으로 덮어 볼륨감을 주고, 글자에 금박을 입힌 훌륭한 작품.

❷ **양쪽에 있는 고시카베 타일**
색조가 고르지 않은 갈색과 녹색에 정취가 느껴진다.

❸ **천장 선풍기**
에어컨이 없던 설치 당시에는 모던했을 것이다.

❹ **벽의 관절 조명**
위쪽을 향하지만 아래로도 빛을 비추는 우아한 형태.

❺ **카운터 테이블**
가로로 길게 이어지는 카운터 테이블. 양쪽에 의자 10석씩.

CUSTOMER | 고객층

창업 당시에는 남성 고객이 대부분이었고 여성 고객은 10% 정도였으나, 현재는 비율 차이가 줄어들고 젊은이들도 늘었다. 3대째인 사다유키 씨가 어렸을 때 단골손님들의 자녀들이 현재는 단골로 가게를 찾고 있다.

FILE

창업	쇼와 2(1927)년
지역	교토부 교토시
창업 시 형태	사케도코로(사케의 생산지로 알려진 지역, 또는 술을 파는 음식점)
구조	목조 모르타르 2층 건물
점주	스기야마 사다유키(3대째)

지금도 남아있는 창업 당시 가게의 기록

마주 앉으면 대화가 활기를 띤다.

초창기. 래빗 스쿠터(후지 중공업에서 만든 일본 최초의 스쿠터. 생산 종료가 되었으나 아직까지도 많은 애호가들이 있다)가 있다.

흰색 제복이 좋다.

창업 당시부터 가게를 지켜본 액자와 금전등록기

화가 다나카 젠노스케의 작품. 나쓰 씨가 구입했다.

기린맥주에서 선물한 「오이리」라는 글자가 새겨진 커다란 한 장의 판자.

가게에서 사용되는 전표는 고객들에게 인기가 높아서 이를 본뜬 메모장도 판매하고 있다.

교고쿠스탠드의 명물인 금전등록기. 벽보에는 「Please order one drink……」라는 글자가 적혀있다.

DATA 교고쿠스탠드	교토부 교토시 나카교쿠 신교고쿠 도오리 시조아가루 나카초 546 / 075-221-4156 / 12:00~21:00, 화요일 정기휴무

明治
酒
酒明治屋
明治屋
酒
特級酒 四八〇円
御酒 四二〇円
ビール 五五〇円
黒小ビール 四三〇

메이지야 明治屋

이것이 바로 오사카의 장사

오사카부 오사카시

번화가 중심에서 조금 떨어진
오사카 아베노.
사카야에서 출발한 메이지야는
예나 지금이나 이곳에 있다.
심혈을 기울여 만든 가게의 편안함.
카운터 안에 주인공처럼 자리한
구리 칸쓰케 기구로 데운
참으로 훌륭한 술.
술안주는 기즈시, 자코마메, 가와쿠지라.
가게의 운영방식은 올바르게 계승되어
열성적인 단골들이 지켜보는 가운데
유산으로서의 역사는 이어져간다.
소가 흘리는 침처럼 가늘고 길게.

宮内庁御用達

櫻正宗

오사카 시민의 일상이 살아 있는 지역,
오사카 아베노에 자리한 이자카야의 원형

대략 30년 전 오사카의 이자카야를 알아보려고 찾아왔지만, 타코야키 같은 쉬운 안주로 값싼 술을 떠들썩하게 마시는 가벼운 분위기의 가게뿐, 차분한 분위기에서 술과 안주를 천천히 즐길 만한 곳은 좀처럼 보이지 않았다. 중심 번화가는 안 되겠다 싶어 찾아간 곳이 아베노의 「메이지야」였다. 이후 몇 번이고 드나들며 알게 된 이야기들을 아래에 풀어본다.

오사카 아베노, 아베노스지 거리에 면한 기와지붕 2층 단독주택인 「메이지야」는 메이지 말기에 사카야〔酒屋, 술을 파는 가게를 뜻하며, 과거에는 주류 판매뿐 아니라 서서 마시거나 간단한 안주를 내는 동네 주점의 역할도 겸했다〕로 시작해 쇼와 13년(1938)부터 이자카야가 되었다. 현관 처마에 걸린 개점 당시부터의 현판은 오른쪽에서 왼쪽으로 크게 「사카야(酒屋)」라고 적혔고 그 아래 작게 「메이지야(明治屋)」라고 쓰여 있다. 둥근 등이 2개 있다. 처마 지붕에는 기와로 만든 마귀 쫓는 쇼키〔중국에서 유래한 역병과 귀신을 쫓는 도교의 신〕가 있다. 세로 2미터쯤 되는 넓은 한 판짜리 간판 「술·메이지야」는 양방향에서 걸어오는 사람이 볼 수 있도록 길과 직각으로 매달려 있고 작은 처마가 덮여 있다. 술 주(酒)자가 크게 적혀 있고 작게 표주박 그림이 그려진 대형 갈색 포렴이 걸려있다. 밖에는 가게 이름이 적힌 네모난 간판을 놓았다. 모두 정통 방식으로 조성된 모습은 중후한 역사를 느끼게 하면서도 청결하고 단정하다.

현관문을 열고 바로 왼쪽은 「사쿠라마사무네(櫻正宗)」이름이 새겨진 큰 거울이 걸린 손 씻는 곳이다. 옛날 이자카야는 식품위생법 때문인지 입구에 반드시 손 씻는 곳을 두었다. 매장 안은 오른쪽에 길쭉한 ㄴ자 카운터가 있고 왼쪽에 네 사람이 앉을 수 있는 작은 테이블 4개가 있다. 안쪽의 다다미 반 장도 채 되지 않는 고아가리 다다미방은 두 사람이 마주 앉기에는 다소 협소하다. 꼭 마주 앉고 싶은 경우에는 비좁더라도 양해해 주기 바란다.

그 위의 천장 모서리에서 매장 안쪽으로 작은 제등이 늘어선 「상부대보살 常富大菩薩」 사당이 있고, 「군학무천 群鶴舞天」이라고 적힌 현판이 걸려 있다. 옆의 21일에 한 번씩 태엽을 감는 큰 시계는 여전히 건재하다.

카운터 안쪽에는 중앙에 푸른 대나무 테로 두른 백목 스기다루(四斗樽)〔72리터

매장 내에 전시된 과거 메이지야의 사진. 그 외관은 이전한 후에도 재현되었다.

寒ぶりさしみ 五〇〇
きずし 五五〇
いか天 四五〇
どて焼 四五〇
エビ団子 四〇〇
いわし梅肉あげ 四〇〇
鍋島
朝日鷹
彩來
美酒の設計
信州 亀齢
6
6
明治屋

黒ビール(小) 四六〇
ビール(小) 四六〇
キリンラガー ビール(大) 五八〇
生ビール 中ジョッキ 五三〇
麦焼酎 おびの蔵から 四二〇円
芋焼酎 桜島 白麹 四二〇円
芋焼酎 佐藤 黒麹仕込 六二〇円
純米大吟醸
広島 雨後の月 山田錦 五〇〇
きびなごから揚げ
シューマイ
コロッケ
あげだしもち
ネギ焼
なんこつから揚げ
しいたけと高野
ゆりね卵とじ
ポテトサラダ
だしまき
マグロ串カツ
ぴり辛なめたけ
うるめいわし丸干し
いわし煮付
おでん 二品
ゆどうふ
菊正宗
佐藤

술통]를 놓았고, 받침대의 모서리는 오랜 세월 주인이 기대온 자리만큼 둥글게 닳아 있다. 옆 선반의 홍백 방석 위에 누운 청동 소는 '장사는…'이라고 말하려는 듯하다.

청동 소는 「장사는 소의 침처럼 가늘고 길게」한다는 마음으로 창업 초대 주인이 놓은 길상물이다. 옆에는 화려하게 꽃을 꽂고 오늘의 꽃 이름 메모를 붙인다. 얼굴이 오카메[둥근 얼굴에 광대뼈가 불거지고 코가 납작한 여자]인 달마 부조는 4, 50년 전 자주 드나들던 교토의 어느 기모노 상점에서 받은 것이다. 오른쪽에는 「하쿠쓰루(白鶴」'라고 적힌 1.8리터 병 선물용 나무 상자가 놓여 있다. 뚜껑에는 '도쿄·오사카·고베·경성·다렌·봉천'이라 새겨진 전쟁 전의 물건으로, 지금은 돈통으로 쓰이며 검은 윤기가 배어 있다.

앞쪽 나무 상자에 늘어놓은 아주 얇은 유리 도쿠리는 이제 몇 개 안 남았으며 천을 깔고 소중히 다루고 있는데 「술의 메이지야」라고 적힌 초기 제품으로 특히 희귀한 보물이다.

여기서 주인공은 순환식 구리로 된 자동 칸쓰케 기구다. 깔때기 입구에 이치고마스[일 합(약 180ml) 나무 잔]를 뒤집어 부으면 술이 아래에서 가열되고 있는 뜨거운 물 속을 지나는 가느다란 동관을 통해 데워지고,아래의 작은 수도꼭지를 틀면 바로 데워진 술이 나온다. 술이 동관 속에 머무는 시간과 탕의 온도로 술의 데움 정도가 결정된다. 입구가 네 개라, 각각 데우는 시간을 달리해 뜨거운 아츠칸[술을 데우는 방법의 일종으로 약 50도]과 미지근한 누루칸[약 40도]으로 나눌 수 있다. 손님 수가 많은 이자카야에서 주문이 들어올 때마다 일일이 도쿠리를 온수에 담가 데우는 방식으로는 시간도 맞지 않고, 균일한 온도를 내기 어렵다. 그래서 보온성이 가장 뛰어난 구리제 기구가 개발되었고, "저 집 술은 정말 맛있다"는 평판을 만들었다. 그만큼 적정 온도의 칸사케(燗酒)는 이자카야의 품격을 좌우하는 기술이었다.

전쟁 전부터 사용해 온 두 대를 번갈아 소중히 쓰고 있는데 어느 날 고장이 나서 명판에 적힌 「특허등록 즉석 칸쓰케 기구, 일본 오사카 니기와이바시이나 동기 제작」을 확인하고 전화하니 아직 회사가 있어 수리가 가능했다. 「일본」이라는 글자가 들어간 것은 전쟁 전 대륙에도 수출했기 때문일 것이다.

메이지야에서 나는 수많은 것을 알게 되었다. 먼저 순환식 칸쓰케 기구로 데운 술의 무척이나 안심되고 마음을 따뜻하게 하는 깊은 맛이다. 고급 술은 데워 마시지 않는다는 등의 잘못된 속설은 전부 사라지고 「술은 데워 마시는 것」이라는 진리를 비로서 깨달았다. 예전의 다루자케[나무 통에 담아 향을 더한 전통 방식의 사케]로는 부드럽고 달큰한 맛을 지닌 「쇼치쿠에비(松竹海老)」를 사용했다. 그러나 이 술을 빚던 양조장이 폐업하면서 더 이상 구할 수 없게 되었고, 남아 있던 술도 모두 소진되었다. 그래서 지금은 양조장의 추천을 받아 나라 지역의 사케 「우메노야도(梅乃宿)」를 새 다루자케로 쓰고 있다. 바꾼 술은 「쇼치쿠에비」보다는 깔끔하지만 이 부드러움은 수십 년간 사용한 칸쓰케 기구 덕분일 것이다. 한 번은 업자가 최신식 기구를 들여오겠다며 가게까지 실어 왔는데, 그 모습을 본 단골들이 일제히 "이걸로 바꾸면 안 됩니다!"라며 크게 항의했고, 결국 새 기계는 그대로 되돌아갔다. 이 가게의 생명

오늘의 안주인 칠판 글씨가 아름답다. 천장 구석의 상부대보살에는 늘 신에게 바치는 술이 있다.

은 바로 그 낡은 칸쓰케 기구였던 것이다.

그리고 옛날부터 부인이 쓴 메뉴판에는 유려한 서체의 안주가 적혀 있다. 기즈시〔초절임 고등어〕, 자코마메〔작은 콩자반〕, 가와쿠지라〔고래 껍질〕, 타이노코니〔도미 알 조림〕, 다시마키〔달걀에 '육수'를 포함한 계란말이〕 등 30여 가지 안주의 매혹적인 맛은 도쿄의 생선회 일변도와는 전혀 다른, '술안주란 이런 것'이라고 가르쳐 주었다.

카운터와 좌식 테이블의 폭과 높이가 같다는 점도 알게 되었다. 즉, 좌식 테이블은 카운터에서 잘라낸 구조를 그대로 가져온 것이다. 폭이 좁아 보일 수 있으나, 이자카야는 원래 상을 가득 채우는 식당이 아니다. 오히려 서로의 거리가 가까워져 자연스럽게 말소리가 낮아지고, 가게 전체의 분위기가 조용히 유지된다.

양쪽 의자 모두 좌석을 높게 하여 손님과 주인의 눈높이를 동일하게 한다. 주인 쪽을 낮추는 방법도 있으나 그렇게 하면 바닥을 파야하고 배수 등이 불편해진다. 반대로, 손님 쪽 바닥을 전체적으로 올리는 방식은 도쿄 유시마의 「신스케」에서 볼 수 있다.

개점은 오후 1시. 곧이어 한 명씩 손님이 찾아와 밖을 지나는 전차의 덜컹거리는 소리를 배경으로 묵묵히 술을 마신다. 주인도 불필요한 말은 하지 않는다. 그 고요한 분위기가 바로 이자카야가 일상 속에 존재하는 모습이다. 이렇게 해서 술도, 안주도, 가게 구조도, 그리고 가게의 공기까지, 메이지야에서 나는 이자카야의 기본이 무엇인지를 깨달았다.

재개발이 불러온 위기, 그리고 아버지의 급작스러운 죽음

초대 점주 마쓰모토 쓰네요시, 2대째가 마쓰모토 큐지로다. 내가 찾아갔을 때는 3대째인 마쓰모토 코지 씨였다. 코지 씨는 조용한 성격으로 접객은 고용인에게 맡기고 자신은 부인과 함께 조리실에 있었으며 바쁠 때만 가게에 나왔다. 가끔 나와서 데워주는 코지 씨의 데운 술은 정말 훌륭해서 단골들은 일부러 그를 불러 술을 데워달라고 하곤 했다.

헤이세이 5년(1993), 새로 들어서는 쇼핑몰 우메다 스카이빌딩 지하에서 전쟁 전의 상업 도시 오사카의 번화함을 재현한 레트로 식당가 「다키미코미치」가 오픈했고, 메이지야도 오사카다운 노포 이자카야로 제의를 받아 입점했다. 그로부터 10년 후 코지 씨는 자신의 나이와 가게를 잇는 자녀들에게 부담을 줄까봐 그곳은 폐점했다.

지금 카운터에 서 있는 에이코 씨는 스물네 살 때부터 가게 일을 도왔다. 메이지야 단골들의 모임인 '메이호카이(明朋会)' 사람들에게는 유난히 귀여움을 받아 은단을 얻어먹기도 했고, 아버지에게서는 "기즈시는 계속 하다 보면 손에 익는다"는 말을 들었다. 당시 영업시간은 야간 근무를 마친 손님들을 위해 오전 11시부터 오후 8시까지였지만, 오후 8시에 퇴근하는 킨테쓰 직원들의 요청이 많아 오후 1시부터 10시까지로 바꾸게 되었다.

아버지는 다정한 분이셔서 아이를 데리고 온 손님이 있으면, 옆에서 얌전히 기다리는 아이에게 주스와 과자를 건네며 "조금만 기다려줘야 한다." 하고 미소를 지어 보였다. 또 "손님에게 괜한 말을 건네는 것보다, 가게를 깨끗이 해 두는 게 중요하다"며 청소를 철저히 했고, 거래처를 소중히 대하라는 말도 잊지 않았다.

메이지야에 위기가 찾아온 것은 쇼와 51년(1976)부터 시작된 아베노 재개발 계획 때문이었다. 주민 철수 등 오랜 시간을 거쳐 겨우 일부에 고층 타워 맨션이 들어섰지만 메이지야 뒤편 일대는 축구장 두 개 분량의 광활한 공터가 되었고 낡은 단독주택 한 채만 그 공터를 등지고 홀로 서 있는 기묘한 모습이 되었다. 전국의 메이지야 팬들이 이 광경을 보고 걱정했으며, 나 또한 방문할 때마다 "앞으로 어떻게 될 것 같습

(위) 돌아가신 3대째 마쓰모토 코지 씨의 사진.
(아래) 천하일품인 〈유도후〉.

코지 씨의 후계자인 장녀 에이코 씨. 24살 때부터 가게를 도왔다.

니까?" 하고 물었지만 코지 씨는 "뭐, (본격 공사는) 아직 멀었겠지요"라며 관심 없는 듯 대답하곤 했다. 지하상가에 입점하지 않겠느냐는 제안도 있었으나 "지하는 안 된다"며 거절했다고 한다. 그 결정에는 한때 우메다에 출점했다가 후회했던 경험이 작용했을지도 모른다. 나는 그때, 코지 씨가 혹시 은퇴를 생각하는 것이 아닐까 싶기도 했다.

헤이세이 20년(2008) 2월 11일, 메이지야는 이자카야 창업 70주년을 기념하는 자리를 마련했다. 재개발로 불안정한 시기였기에, 이런 기념 행사가 오히려 가게의 존재 의미를 다시 확인하는 계기가 되리라 기대했다. 기념 행사를 마친 코지 씨는 그 어느 때보다 에이코 씨에게 여러 가지를 가르치기 시작했지만 두 달 뒤인 4월에 갑작스럽게 죽었다. 가게의 앞날이 더욱 불안해진 순간이었다. 장례 후 잠시 휴업한 뒤,

어머니 나루코 씨와 에이코 씨 두 사람이 가게를 다시 열었다는 소식을 듣고 6월에 오사카를 찾아 조문을 드리자, 나루코 씨는 코지 씨가 "오타 씨에게 꼭 전해드려라" 하며 남겨둔 70주년 기념품(도쿠리)을 꺼내며 눈물을 흘렸다. 「창업 70주년 메이지야」라고 새겨진 그 기념 도쿠리는 지금도 청동 소 옆에 꽃과 함께 놓여 있다. 에이코 씨는 아버지를 잃은 어머니가 매우 걱정스러웠다고 털어놓았다. 또 그 후 방문했을 때 카운터에는 드물게 에이코 씨 혼자 있었다. 술을 주문하자 할아버지가 주문 제작하고 아버지가 계속 사용했던 순환식 칸쓰케 기구에 에이코 씨가 손을 뻗었고 나는 주목했다. 치로리에서 따라낸 이치고마스를 깔때기 입구에 뒤집어 놓고 잠시 기다린 뒤 수도꼭지를 돌려 유리 도쿠리에 담아 내밀었다. 이 사람의 술을 마시는 건 처음이었다. 나는 눈을 감고 마셨다.

술통에서 치로리로 떠서, 이치고마스로 계량해 깔때기 입구에 뒤집어 붓고, 시간을 재서 수도꼭지에서 유리 도쿠리에 담는다. 이렇게 해서 데우는 온도가 결정된다.

높은 테이블 자리에서 가게를 둘러보며 마시는 것 또한 좋다. 이 고요함이여.

"맛있군요."

"감사합니다."

에이코 씨는 조금 어색해하며 말을 이었다.

"온도 조절은 어려워요. 그냥 넣고 흘려보내고 받기만 하면 되는 게 아니에요. 그날의 기온, 습도, 칸쓰케 기구의 온도, 손님의 기분... 그 모든 것을 고려하지 않으면 좋은 술로 데워지지 않습니다."

그 말을 듣는 순간, 나도 모르게 눈물이 고였다. 아, 이 사람은 아버지의 뒤를 이어갈 수 있는 사람이다.

나는 재개발에 무관심한 코지 씨는 의욕이 부족한 게 아닐까 생각했던 적이 있다. 하지만 이제야 깨닫는다. 세상 일에 허둥대지 않고, 소란에 휩쓸리지도 않으며, 움직여야 할 때가 올 때까지 묵묵히 자리를 지키는 사람. 아직 몇 년은 변하지 않을 거라고 말했던 건 그대로 이루어지고 있다, 누워 있는 소다. 움직일 때가 올 때까지 가만히 있는 사람이다. 그것이야말로 오사카 상인의 방식이다.

마침내 찾아온 누워있던 소가 움직일 때

그리고 또 몇 년 후인 헤이세이 23년(2011), 아베노 재개발이 다시 움직이기 시작했고 마침내 가게는 이전하지 않을 수 없게 되었지만 근처에 빈 점포는 없었고 아버지께서 아베노를 떠나서는 안 된다고 말씀하셨기에 앞이 보이지 않았다. 그러던 중 시청 담당자가 와서 알려주었다. 새로 들어서는 쇼핑몰 「비아 아베노 워크」 1층에 입주 예정이던 가게 한 곳이 비게 되었다는 것이다. "여기라면 아베노를 떠나지 않아도 된다." 그 말에 빛이 비쳤다. 당시 내가 찾아가 보여달라고 한 「아베노 재개발 사업 A1지구 A2동」 도면을 보니까 1층 도로변의 한가운데쯤으로 입지는 꽤 좋아 보였다. 정면 맞은 편에는 지상 60층, 일본 최고층 빌딩 「아베노 하루카스」가 들어선다고도 알게 되었다.

나는 역 앞 해당 장소를 확인하러 나갔다가 돌아와 그 도면을 내려놓고 다시 한번 매장 안을 둘러보았다. 가게는 밖의 대공사와는 별개로 아무 일도 없는 듯 고요했지만 손님들 모두가 곧 여기서 술을 마실 수 없게 될 것을 알고 있기에 그 고요함은 어딘지 쓸쓸했다. 나는 에이코 씨에게 직접 전해야겠다고 결심한 말을 했다. 새 건물로 들어가도 이 인테리어를 아무것도 바꾸지 않고 그대로 재현해 달라고 부탁했다. 카운터도 의자도, 술통을 놓는 튼튼한 받침대도 그렇고 선반은 물론 그것을 지탱하는 금속 부품 일체를 그대로 사용하라고 말이다. 물론 신단도 칸쓰케 기구도 사쿠라마사무네의 커다란 거울도.

간청에 가까운 내 말을 묵묵히 듣고 있던 에이코 씨는 천천히 고개를 끄덕이며 "다들 그렇게 말씀하세요. 저도 그렇게 해야 한다고 생각합니다."라고 힘주어 대답했다. 그리고 "아버지가 남기신 것이니까요"라고 덧붙여 말했다.

나는 감동했지만 동시에 걱정도 되었다. 그렇게 말하면 공사업체는 '그대로 옮기는 게 돈이 더 듭니다'라고 할 게 뻔했기 때문이다. 그리고 개보수를 잘못해 단골이 끊긴 술집들의 슬픈 예를 많이 알고 있었기에, 걱정은 더욱 깊었다.

그러나 홍백의 방석에 누워있던 소도 마침내 움직일 때가 왔다. 수십 년 동안 가게 한쪽에서 꼼짝 않고 누워 있던 그 '소'(=창업주의 상징, 인내와 지조의 표상)처럼, 이제 가게도 움직여야 할 때가 된 것이다.

헤이세이 23년(2011) 4월 5일. 불안한 마음으로 찾아간 나는 먼저 외관을 보고 숨이 멎을 뻔했다. 문 앞에 있는 둥근 등, 커다란 현판, 갈색 포렴, 가게 앞에 서 있는 간판, 늘 있던 자전거 등 예전과 똑같은 장식의 유리로 된 미닫이문을 열고는 내 눈을 의심했다.

카운터도 테이블도 그렇고 그 배치는 물론 천장이나 조명, 신단 그리고 현관의 큰 거울과 코트 걸이, 두 사람이 마주 앉은 고아가리 다다미방도 있었다. 정면에 있던 욘토다루 술통과 그 받침대에 붙어 있던 환타 병따개도 있고, 홍백의 방석에 누워 있던 소까지 그대로였다.「한 치도 어긋남이 없다」는 말이 바로 이럴 때 쓰는 것이다. 가게 안에 새로운 것은 아무것도 없었다. 눈을 휘둥그레 뜬 나에게 환하게 웃어 보인 에이코 씨는 구점포를 철거하는 걸 보고 "뭐 하는 거야!"라며 격렬히 항의하던 사람이 있었다고 했다. 인테리어 공사 업체에 '예전과 다르게 하면 안 된다'고 말하러 간 단골손님도 있었다. "새 가게에 들어서자마자 울음을 터뜨린 손님이 세 명이나 있었어요" 라며 웃었다.

구점포 철거 중에 걱정이 된 에이코 씨가 보러 가니 카운터에 작은 긁힌 자국이 있어 바로 〈카운터 최고주의 요망〉이라고 써서 종이를 붙였다. 그 상처는 눈에 띄지 않지만 명예의 부상이라고 하자.

엄밀히 말해 안쪽으로 길쭉했던 부지가 정사각형에 가까워져 카운터는 70센티미터를 잘랐다. "그 판자는 어떻게 했어요?"라고 따지듯 묻는 나에게 "걱정 마세요. 작은 테이블로 만들었어요."라며 웃었다. 잘라낸 70센티미터는 20센티미터를 카운터 옆으로 연장하는 데 쓰고, 50센티미터는 정사각형 테이블로 만들었다. 네 개 있던 긴 테이블은 놓을 수 없어 세 개로 줄이고, 하나는 반으로 잘라 역시 정사각형 테이블로 만들었다. 팬이 많았던 다다미방은 옆으로 약간 넓어졌고, 그 아래를 환기구로 만든 건 참 잘했다. 놀라운 건 하얀 흙벽에 묻힌 때인데 공사 업체 직원이 전부 그대로 남겨두라는 엄명을 오히려 재미있어 한 게 아닐까. 그것들 모두는 옛 가게의 「공기」까지 재현하고 있었다. 하지만 주방과 화장실은 최신식으로 깨끗하게 바꿨다.

휴점 중 좋은 기회라며 순환식 칸쓰케 기구를 손보려고 예전에 고쳐준 「이나오토」에 상담하니 주인을 잃은 부인이 "저희 가게를 기억해 주셨네요"라며 눈물을 글썽였고, 은퇴한 고령의 점장이 분해해서 수리를 해주기로 했다. 그런데 맞는 수도꼭지가 없다고 TV 인터뷰에서 말하니 방송을 본 어느 수도꼭지 장인이 "저희가 할 수 있을지도 모른다"고 연락해왔다. 모든 게 해결되어 납품하러 온 노련한 점장은 "제가 건강해야겠어요"라며 환하게 웃었다고 한다. 그 반짝이는 칸쓰케 기구를 다루는 에이코 씨, 주방의 어머니 얼굴이 보기 좋다.

만족한 나에게 새롭게 단장한 칸쓰케 기구를 통과한 술이 뱃속 깊이 스며든다. 어쩐지 술도 기뻐하는 것 같다. 오래간만에 먹는 〈기즈시〉 맛은 조금도 변함이 없다. 재개점 첫날 이걸 준비할 때 기뻤을 것이다.

가게 이전을 하면서 다섯 달 동안 쉬면서 오래된 물건 정리를 시작했다. 2층에서 나온 오래된 성냥갑에 그려진 「명주 마쓰타케 에비 양조원·인생은 명랑하게, 술의 덕으로」라는 일러스트가 훌륭하다. 오른쪽에서 왼쪽으로 쓰인 「아사히 맥주 국내성 납품 대일본 맥주 주식회사」라고 적힌 아주 오래된 맥주병은 손님으로 온 회사 사람이 우리 회사에도 없다며 놀랐다.

다시 한 번 느끼는 이자카야의 존재 가치

오늘은 에이코 씨에게 여러 가지를 물었다.

아버지 코지 씨가 돌아가신 후 뒤를 이어 가게를 지키고 재개발 이전도 극복할 수 있었던 건 오빠 요시타카 씨의 힘이라고 한다. 오빠의 인품에 반해 도와준 사람이 많았다고 한다.

"아버님이 돌아가셨을 때 어땠나요?"

"우산이 벗겨진 느낌이었어요."

그건 비바람으로부터 지켜주던 존재가 사라졌다는 뜻일 것이다. 손님들의 "힘내야지!"라는 소리에 용기를 얻었던 게 가슴에 와 닿았다고도 했다.

"원래 가게가 그대로 재현된 걸 보고 어떻게 생각하셨나요?"

"여기는 개인의 것이 아니라 여러분의 장소예요. 저는 관리자일 뿐입니다."

웃으면서도 이토록 이자카야의 존재 가치를 꿰뚫은 말은 없었다.

"앞으로는 어떤 마음으로 계속할 수 있습니까?"라는 질문에 잠시 생각한 뒤 말했다.

"……소의 침처럼 가늘고 길게 한다는 마음입니다."

내 눈에서 다시 눈물이 흘러내렸고, 가슴이 메여서 더 이상 아무것도 물을 수 없었다.

새로 개점한 가게에 손님이 가지고 온 코지 씨의 사진이 홍백의 방석에 누워있는 소 옆에 놓였다. 코지 씨는 가게를 지켜보는 또 하나의 소가 되어 4대째인 남매가 힘을 합쳐 일하는 모습을 계속 지켜볼 것이다.

나는 다시 정면을 바라보았다. 모든 것이 정해진 자리에 단정히 자리 잡은 모습이 아름답다. 장소는 옮겨도 이자카야의 최대 재산인 내부 장식을 바꾸지 않으려 이토록 심혈을 기울인 사례를 나는 알지 못한다.

메이지, 다이쇼, 쇼와, 헤이세이, 레이와를 걸쳐 메이지야의 이야기는 길게 이어져 왔다. 그것은 바로 가족이 이어온 「유산」의 계승 그 자체였다.

信州
亀齢
6
6
明治屋

OUTLINE
점포개요

FOUNDED | 창업

본점이 메이지 시대 우메다 시바타초에 창업한 것이 점포명의 유래가 되었다. 현재의 점포는 분점으로 쇼와 13년(1938)에 사카야로서 창업하였다. 현재의 장소로 점포를 이전하여 영업을 시작한 것은 헤이세이 23년(2011)의 일이다.

HISTORY | 역사

덴노지·아베노 지역 재개발에 따라 장소를 이전했지만, 카운터, 의자, 고아가리 다다미방, 기둥 등 모든 것을 원래 가게와 동일하게 사용해 창업 당시부터 쇼와 시대의 모습이 거의 그대로다.

❶ 시계
태엽식 시계 역시 이전 가게에서 이어받은 명품이다.

❷ 테이블
매장 내에는 4인용의 좁은 테이블이 4개 있다.

❸ 현판
거의 읽을 수 없지만, 「군학무천(群鶴舞天)」

❹ 장식물
소의 침처럼 「가늘고 길게 해 나가고 싶다」는 마음이 담겨 있다.

❺ 고아가리 다다미방
매장 안쪽에는 불과 다다미 반 장도 안 되는 고아가리 다다미방이 있다.

CUSTOMER | 고객층

정규직을 떠난 나이든 단골손님이 많다. 헤이세이 23년(2011)에 가게를 이전한 이후로는 여성 손님과 더불어 관광객이 늘었다고 한다. 메이지야를 지극히 사랑하는 단골들의 모임도 있어 매일 정해진 시간에 카운터 자리에 모인다.

FILE

창업	쇼와 13(1938)년
지역	오사카부 오사카시
창업 시 형태	사카야
구조	목조 2층 건물
점주	마쓰모토 요시타카 (4대째)

❻ 오카메 달마
4, 50년 전 거래하던 교토의 포목점에서 준 것이다.

이전해도 변하지 않는 인테리어 공간과 배치

매장에 배치된 의자는 높게 설치되어 주인과 손님의 눈높이를 맞추고 있다.

이전에는 2인용이었던 고아가리 다다미방은
4인용이 되었다. 이곳을 사랑하는 사람이 많다.

유리 격자문도 이전과 동일하다.
물론 손님들의 손길로 인한 세월의 흔적도 그대로다.

출입구 문 상부는 지금은 보기 드문 물결무늬 유리.
외관은 이전 가게와 거의 변함이 없다.

새로운 설비와 공존하는 세월의 변화가 느껴지는 도구

백목 술통이 놓인 받침대에는 오래된 환타 병따개가 비치되어 있다.

각 좌석에 번호가 매겨져 있으며, 주문서는 여기에 꽂도록 되어 있다.

전쟁 전의 「하쿠쓰루」 1.8리터 병 증정용 나무 상자를 가게의 돈 통으로 사용했다.

오랜 세월 사용된 특대형 병따개.

DATA 메이지야	오사카부 오사카시 아베노구 아베노스지 1-6-1 비아 아베노 워크 1F / 06-6641-5280 / 13:00~22:00, 일요일 정기휴무

메이지야의 유산

메이지 말기에 시작된

메이지야는 수많은 오래된 물건을 남겨두고 있다. 이어지는 것의 의의는 여기에 있다.

성냥갑

옛날 이자카야는 흡연용 성냥을 나눠주는 것이 보통이었다. 가게는 거기에 정성을 기울여 팬을 끌어 모았다.

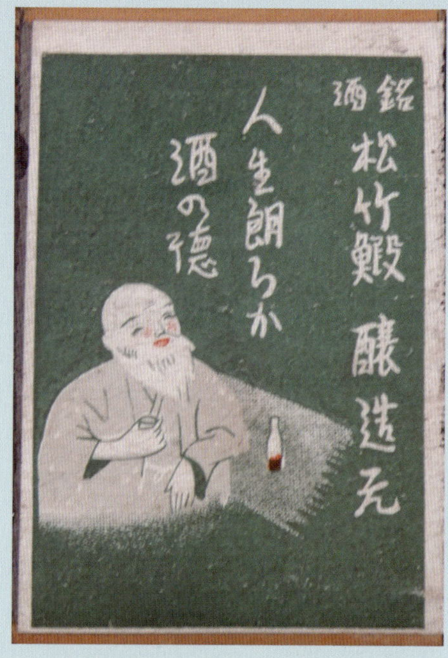

「인생은 밝고 유쾌하게 — 술의 덕이로다.」 참으로 훌륭한 그림이다.

「술은 메이지야」를 가로세로로 조합한 십자말풀이.

실크햇을 쓴 신사가 멋지다.

맥주병·유리 도쿠리·술잔

오래된 것, 오래전부터 변하지 않는 것을 문득 자신의 삶을 포개어 보는 일 — 이자카야에서 마시며 얻는 묘미 중 하나다. 그리고 메이지야는 그 맛을 가장 깊게 느낄 수 있는 곳이다.

맥주 회사 직원도 "우리 회사에도 없습니다"라며 놀랐던 오래된 맥주병.

메이지야 3대에 걸쳐 사용된 유리 도쿠리.
1~3번 순서대로 오래된 것이다.
투명 유리 도쿠리는 청결한 인상을 주고 남은 양이 눈에 보이기 때문에 술을 더욱 아끼며 마시게 된다. 가게 이름이 들어간 잔을 갖춘 집은 드물며, 받침이 있는 입구 형태의 얇은 조형 또한 흠잡을 데 없이 완벽하다.

田吾作
Tagosaku

田吾作 다고사쿠

마치 도원경처럼

시마네현 마스다시

시마네현 마스다시의 시골길,
외롭게 서 있는 산기슭의 외딴집.
사랑스러운 농부 옷을 입은 허수아비가
맞이한다. 옛 농가의 본채인
오모야를 연상시킬 만큼
크고 웅장한 내부.
조리장에 놓인 큰 수조에는
느긋하게 물고기가 헤엄친다.
살아있는 자연을 받아들이는 일과
정면으로 마주하며 시마네의
지역주를 풍류 있게 즐긴다.
이제는 좀처럼 만나기 힘든
일본의 근원적 풍경이 여기에 있다.

오래된 신발 벗는 곳의 천장에는 스기다마(삼나무 잎을 공 모양으로 만든 것으로, 양조장이나 술집 처마 끝에 장식되어 사케를 취급하고 있다는 것을 나타내는 상징)가 매달려 있다. 신발장은 원래 목욕탕에서 사용하던 것 같다.

다른 어디에서도 볼 수 없는 웅장한 이자카야

일본해에 면한 산인지역의 마스다는 시마네 현의 서쪽 끝에 있고 바로 옆은 야마구치 현이다. 약 20년 전 이곳에 있는「다고사쿠」의 소문을 들었을 때 마스다라는 장소를 알지 못했다. 처음 찾아간 작은 철도역 앞은 한산했고 큰 건물은 없었으며 바로 앞 좌우로 달리는 도로변에는 아직 가게들이 있었지만, 그 너머로는 좁고 구불구불한 산길이 이어지고 절벽 아래의 집들도 드물어져 이런 곳에 이자카야가 있을까 불안해하던 차에 길가의 도로 거울에 손글씨로「다고사쿠, 왼쪽」이라고 쓴 작은 간판이 붙어 있었다.

그리고 마침내 나타난 것은 길을 사이에 두고 큰 저수지를 앞에 둔 거대한 박공지붕의 단독 주택이었다. 한 단 낮은 절벽 아래에 세워졌기에「다고사쿠」포렴이 걸린 현관이 2층 부분이다. 주변에는 큰 화분과 큰 항아리가 아무렇게나 놓여 있고, 십자형으로 엮은 대나무에 수건을 쓴 농부 옷을 입은 허수아비가 마치 손님을 맞이하듯 서 있었다. 건물 지붕 너머로는 방금 지나온 시가지라 부르기도 민망한 역 쪽 풍경이 멀리 보이고, 반대편으로는 커다란 저수지 위에 중학교 건물이 산들에 둘러싸여 자리하고 있다. 일본에 이자카야가 많다고 해도 이렇게 홀로 고립된 건물은 본 적이 없었다. 그렇게 들어선 곳은 웅장한 이자카야였다. 그 후로 몇 번이고 찾아왔다. 오늘은 구석구석 천천히 둘러보자.

현관 돌계단을 올라 포렴을 헤치고 나무문을 열면 넓은 마루에 가로로 1미터나 되는 큰 화병에 에다바나〔꽃이 피어있는 나뭇가지를 그대로 잘라 꽃꽂이나 인테리어로 즐기는 것〕가 있고 유서 깊은 듯한 나무토막이나 목각품이 무심하게 놓여 있다. 작은 신발 벗는 공간의 기와에는 '운수대통'을 비롯해 신성한 후지산, 액을 물리치는 호랑이, 사업 번창을 상징하는 에비스가 부조로 새겨져 있다. 커다란 타일 그림「대나무 숲의 호랑이」는 올해의 십이간지를 떠올리게 한다.

왼쪽 벽 한 면을 가득 채운 여러 칸의 신발장은 한자로 쓴 열쇠표가 달려 있어 목욕탕에서 쓰던 것 같다. 그 위에는 십이 간지 기와가 줄지어 늘어서 있고, 한쪽 바닥에 놓인 크고 유려한 목조 조각은 잉어와 메기인가. 그 받침대도 좋다. 눈부시게 들어오는 햇빛에 밝고 높은 천장의 대들보는 통나무와 각기둥을 가로세로로 맞물려 가볍게 조립했다. 그곳을 가로지르는 옛날식 백자로 된 절연용 부품인 배전선은 천장에서 내려오는 하얀 갓이 달린 백열전등을 연결한다. 최근 고택풍 이자카야는 실제 배전과는 별도로 옛 배전선을 장식 연출에 사용하지만, 여기는 전류가 흐르는 진짜다. 중간에 매달린 스기다마 3개가 술집 분위기를 만든다.

슬리퍼 같은 실내화는 없고, 발바닥에 나무 바닥이 닿으면 시원해서 기분이 좋다. 건물 내부는 모두 마루로 되어 있어 나는 예의는 없지만 양말도 벗은 맨발로 있다.

넓은 무인 현관을 지나 1층으로 내려가는 가파른 계단의 중간쯤에서 시선을 오른쪽 아래로 돌리면, 물이 끊임없이 빙글빙글 도는 커다란 수조 세 개가 보인다. 큰 창으로 쏟아지는 빛 속에서, 그 안의 물고기들은 한가롭게 헤엄치고 있다.

계단을 다 내려가면 왼쪽에 좁은 카운터 좌석이 4개 있다. 그 안쪽에는 굴뚝이 솟아 있는 부뚜막에 가마솥이 박혀있고 작은 숯불 그릴이 여러 개 겹쳐져 있으며 대형 가스레인지 6개 모두 항상 불이 붙어 부글부글 거품이 이는 냄비들이 놓여 있다. 이곳은 예전 대농가의 넓은 흙바닥 부엌, 그 자체라 해도 과언이 아니다.

그곳에서 왼쪽 안쪽은 이 집의 중심이 되는 다다미 20장 정도의 배식실로, 중앙에 놓인 넓은 배식대 위에 한 단 높게 이로리〔바닥을 파서 만든 화로〕가 놓여 있고, 지자이카기〔냄비를 매다는 갈고리〕에 매달린 무쇠 주전자에 물이 끓고 있다. 재 속의 삼발이가 표주박 모양인 것이 재미있다. 배식대에는 쟁반이나 찻잔, 물, 젓가락꽂이, 약초주 등이 가지런히 쌓여 있으며 음식과 술은 여기서 준비되어 주변의 크고 작은 여덟 개의 방으로 운반된다.

박공지붕의 천장은 2층 높이까지 시원하게 트여 있고, 아득한 높이에 짜 올린 井자형 구조물에서 갈색으로 변색된 굵은 둥근 대나무가 내려와 거친 새끼줄의 지자이카기를 매달고 있다. 가로세로 얽힌 들보와 배선들은 이런 풍경을 좋아하는 이라면 한눈에 매혹될 만하다. 주목할 점은 짚을 거칠게 썰어 넣어 흰색으로 칠한 벽인데, 농가풍의 정취라기보다는 내게는 최고급 취향의 찻집을 떠올리게 한다.

방들은 둘이 앉아도, 여섯이 둘러앉아도, 이어 붙이면 스무 명도 들어갈 만큼 자유롭게 구성된다. 칸막이 장지문은 인간국보였던 이즈모의 제지 장인의 작품으로 섬유가 거친 세키슈와시〔1,300년의 역사를 가진 일본의 전통 수제 종이로, 시마네현 하마다 지역에서 생산된다〕로 만들었다. 장지의 찢어진 곳을 전체 교체하지 않고 덧대어 이어 붙인 종이의 색감과 질감이 겹쳐져, 마치 추상화를 보는 듯한 아름다움이 느껴진다. 찢어진 곳 하나 없는 고급스러운 가는 격자 흰 문과 달리 이것이야말로 농가의 문이라고 극찬하고 싶다.

각 방의 큰 테이블은 모두 가운데 화로가 들어갈 수 있도록 가운데가 사각으로 뚫려있다. 방 구석의 옷걸이 고리로 예전 전기 배선에 쓰던 도자기 절연체를 재활용한 것이 이 집이 가진 물건에 대한 애정과 집념을 보여주는 듯해 기분이 좋다. 튼튼함을 바탕으로 한 장대한 스케일은 바로 「오모야〔주거용 건물의 중심부나 사원 건물의 신성한 중심 영역을 지칭〕」에 걸맞으며 여기서 상의를 벗고 맨발로 술과 음식을 즐기고 있으면, 사람은 원초적인 안정감에 감싸인다.

정직하게 지켜온 재료에 대한 고집

다고사쿠는 쇼와 41년(1966) 역전 상점가 「니시큐」 뒤편에서 이와사키 후미코 씨가 시작했다. 가게 이름은 기존 간판이 남아 있어 그대로 사용하기로 했다. 딸인 하루요 씨는 스무 살 때부터 일을 돕기 시작했고 이전한 두 번째 가게까지는 모녀가 함께 했고, 세 번째 가게부터는 하루요 씨 혼자 운영하다가 헤이세이 4년(1992) 전쟁 후 바로 하숙 여관이었던 이곳에 네 번째 가게로 자리를 잡았다. 두 번째 가게는 아직 작은 카운터뿐이었는데 공사업체 사람에게 계수나무가 좋다는 말을 듣고 두꺼운 원목을 구입했다. 카운터로 만들자 팔았던 장인이 되레 다시 사고 싶다고 할 만큼 훌륭했다. 두께 10cm, 길이 4m, 최대 폭 1m의 널빤지는 '분신'처럼 계속 간직해왔고, 지금은 조리장 앞에 놓여 있다. 계수나무는 너무 단단하지도 너무 부드럽지도 않으며 술 마시는데 쓰이는 기구를 잘 보듬어준다고 한다.

확실히 손바닥으로 쓸어보면 몹시 부드럽다. 현재 각 방의 테이블은 세 번째 가게에서 가져온 한 장의 두꺼운 널빤지에 통나무 다리를 달았다.

머리에는 수건을 두르고 검은 티셔츠에 허리 수건을 두른 채 둥근 안경을 코에 걸친 하루요 씨는 쇼와 21년(1946) 생으로 나와 같다. 언젠가 그 이야기가 나왔을 때 평소엔 칼만 바라보던 하루요 씨가 드물게 얼굴과 안경을 들어 올려 나를 가만히 바라보았다. 잠시 서로를 가늠하듯, 우리는 웃음을 나눈 적이 있다.

하지만 하루요 씨는 이렇게 일하고 있는데 나는 술만 마시고 있구나 하고 반성도 한다. "일만 하다 보니 결혼은 잊어버렸죠."라며 웃는 하루요 씨를 지금은 여동생 미치코 씨가 보조하고 미치코 씨의 아들 시다하라 코 씨(50세)가 주방을 책임진다. 하루요 씨의 조카인 코 씨는 어릴 때부터 하루요 씨를 보며 자랐고 초등학교 졸업 문집에는 장래 희망에 '다고사쿠에서 일하겠다'고 썼다. 잠시 다른 곳에서 일한 후 이곳에 들어와 꿈을 실행에 옮겼다. 성실하게 일만 하는 하루요 씨, 세심한 배려로 가게를 부드럽게 만드는 미치코 씨, 요리에 대한 지식도 솜씨도 정말 좋은 사람으로 가게에 탄력을 주는 코 씨, 이 세 사람이 이 큰 가게를 든든히 지탱하고 있다. 하루요 씨가 자리를 비운 사이 코 씨에게 "이모를 여기까지 버티게 한 건 무엇일까요?"라고 묻자 잠시 생각하더니 "여자 혼자 가게를 운영할 때 여자가 뜬 회 같은 걸 먹을 수 있겠냐

현관에서 가파른 계단을 내려가면 중간에 큰 수조 3개가 놓여 있고, 물고기가 헤엄치고 있다.

고 욕하는 손님이 있었어요. 그래서 그 생선으로 승부를 걸자고 결심한 강인함 때문이겠죠"라고 답했다.

일본 제일의 맑은 물이 길러낸 은어, 그리고 그 맛을 살리는 '명수(名水)' 이야기

이야기는 이렇게 시작된다. "요리는 자신 없으니, 그만큼 재료만은 최고로 하자." 하루요 씨가 오랫동안 품어온 이 생각은, 결국 주방 한쪽을 크게 차지하게 된 세 개의 활어 유동 수조를 만드는 것으로 실현되었다. 수조에 넣을 바닷물을 고르는 일부터 시작이었다. 그 물고기가 살아온 환경과 최대한 똑같게 '생명의 조건을 바꾸지 않는 것'이 핵심이었기 때문이다. 가장 어려웠던 것은 오징어였다. 먼저 오징어가 사는 층의 바닷물을 떠오는 것으로 시작된다. 그 물을 산소 펌프로 계속 순환시켜 주어야 한다. 그 퍼 올린 해수에 산소를 공급해 계속 순환시키기 위해 하루요 씨는 어민들에게 이 에어펌프를 여러 대 제공했다. 그렇게 '살아 있는 채로' 항구에 도착한 오징어를, 그는 매일 밤 직접 트럭을 몰아 스사코 항으로 가서 싣고 화물칸 탱크 하나에는 오징어를 헤엄치게 하고, 다른 하나는 바닷물만 가득 채워 한시라도 빨리 가게 수조에 풀어놓는다. 둥근 오징어용 수조에서 내장이 비쳐 보이는 완전 투명한 오징어가 같은 방향으로 빙글빙글 돌며 헤엄치다가 주문이 들어오면 그물로 건져서 즉석에서 쓱쓱 잘려 얼음 위에 놓이는데 다리는 아직 움직이고 있어서 손가락에 달라붙으면 떨어지지 않는다. 그 투명한 단맛은, 우리가 알고 있던 오징어의 개념을 완전히 바꾸어 놓는다. 오

대형 가스레인지 6구에는 항상 불이 붙어 있으며 생선 등을 끓이고 있다.

2대째 하루요 씨의 조카인 3대째 코 씨. 어릴 적부터 다고사쿠에서 일하는 것이 꿈이었다고 한다.

징어 회는 사가현 요부코가 유명하지만, 지금은 오히려 요부코에서 대형 트럭들이 스사코 항구까지 몰려와 오징어를 사갈 정도라고 한다. 그만큼 이곳 오징어가 '살아 있는 맛'을 지니고 있다는 증거다.

다음으로 도전한 것은 「일본 제일의 청류」로 불리는 다카쓰강의 「일본 제일의 은어」다. 여기는 담수에 바닷물이 섞인 기수〔강물과 바닷물이 섞인 물〕다. 강물에 섞을 해수를 여기저기 찾아 비율을 맞추는 데 3년이 걸렸다. 나중에 은어의 체내 염분 농도를 측정해 보니, 그가 만든 기수의 농도와 완벽하게 일치했다고 한다. 그 은어를 살아있는 채로 뼈째로 썰어내는 「세고시」의 맛은 고귀하다. 배 속의 붉은 내장에 소금을 살짝 뿌린 「아유 우루카〔은어 내장 젓갈〕」는 예전에 함께 방문했던 편집자 한 사람이 첫 맛을 본 뒤 조용히 눈물을 흘렸을 정도로 압도적인 풍미였다.

계절에 따라 농어, 가와하기〔쥐치의 일종〕, 벤자리, 붉바리, 자바리 등이 헤엄치며 회, 구이, 조림으로 자유자재로 요리된다. 반드시 한 마리를 통째로 손질하기 때문에 내장은 조림으로, 머리는 구이로, 뼈는 젓갈로 만들어 전혀 버리는 것이 없다. 먹는다는 것은, 이렇게 살아 있는 생명을 온전히 받는 일이다.

펄쩍펄쩍, 때로는 잡은 손을 튕기며 도마 위에서 뛰어내려 바닥에 떨어지는 거대한 도미와 코 씨의 모습은 격투 그 자체다. 그리고 몇 분 후 회로 차려진 접시에는 누구나 두 손을 모은다.

두부도 매일 손수 만든다. 하루요 씨는 어릴 적 농한기인 겨울에만 만드는 동네 두부 가게를 도우러 갔다가 돌아오는 길에 두모 정도 받아 뜨거운 밥 위에 올려 얹어 먹었던 기억이 있다. 그 기억으로 매일 대나무 통에 16모를 만든다. 두부로 비지나 유

제공되는 사키즈케(가이세키 요리 등 정식 코스 요리에서 식사 시작 전에 제공되는 전채요리로, 입맛을 돋우는 역할을 하며 보통 식전주와 함께 제공된다)는 반드시 이 쟁반에 담아 제공된다. 요리에는 직접 기른 채소도 사용한다.

점심 메뉴. 덮밥이나 회 정식 등이 있다.

부도 만들기에 버리는 게 없다. 마스다는 와사비 산지로 회에 곁들인 와사비 잎이 좋다. 흙에서 뽑아온 와사비는 뿌리까지 사용한다. 집 밖에도 밭을 가꾸어 오이 등은 요리할 때마다 거기서 따왔다. 많이 수확한 방울 토마토는 바구니에 담아 "마음껏 드세요"라고 해서 나도 자주 집어 먹었다. 쓰케모노는 초대인 후미코 씨 때부터 이어져 온 누카도코(쌀겨로 만든 절임용 발효 반죽)가 이어져왔다. 가능한 자급자족하며 자연을 먹는다는 것의 풍요로움.

술은 시마네 토속주가 잘 구비되어 있다. 이토록 신선한 생선에 너무 강한 풍미의 술은 꺼려지는데 마스다 시 「가네요시야 상점」의 젊은 점주가 지역 여섯 양조장을 연결해 준마이긴죠를 6종 블렌드한 「쇼기(鍾馗)」가 잘 어울리는 건 개성이 두드러지지 않기 때문일 것이다.

접시나 술잔이 제각각인 건 여러 대를 걸쳐 가져온 것이 쌓였기 때문이라고 한다.

시마네 현의 지역 술인 준마이긴죠〔쌀·물·누룩만으로 만든 준마이 계열의 술이면서, 쌀을 60% 이하로 도정한 등급에 해당하는 고급 사케〕 6종을 블렌드 한 「쇼기」

배식실 구석의 바구니에 산처럼 쌓여 있는 「가지고 가세요」라는 글과 함께 놓인 지름 10cm나 되는 조개껍질은 예전 마스다 시 앞바다에서 대지진으로 해저에 가라앉은 「가모지마」 섬에 흘러드는 다카쓰 강의 맑은 물이 만들어낸 「마스다의 바다가 키운 대합」이다. 나도 하나 받아 가끔 아츠칸〔데운 술〕의 술잔으로 쓰고 있다. 풍류가 느껴진다.

한 이자카야가 지역의 매력을 전해준다

시가지에서 멀리 떨어진 산기슭의 외딴집은 지나가다 우연히 들르는 가게가 아니다. 아니 한밤중에 이런 산속 어두운 곳을 어슬렁거리는 것 자체가 이상하다. 특별한 요리 없이도 '좋은 재료만으로 승부할 수 있다'는 자신이 있었던 걸까. 하지만 문을 열자, 어느새 이곳을 찾는 이들이 생겨났다. 40년쯤 전 이자카야에서 다카쓰가와 강변에서 「은어 먹기 모임」을 제안하자 단골 15명이 다같이 은어를 구워 먹고 대나무 통으로 술을 마시며 즐겁게 지내는 것이 연례 행사가 되었다. 점차 소문을 듣고 참가자가 늘어나 주차장 정리나 공사용 임시 화장실, 트럭에 노래방 기계를 들이는 등 규모가 커졌다. 1급 하천이라 신고는 50명까지지만 300명이나 모이게 되자 뒷정리도 안 하고 돌아가는 행사가 되었고 이건 이제 취지가 다르다며 중단했다는 에피소드가 재미있다.

그 추억을 그리워하며 이야기하는 사람이 많다. 곧 다가올 창업 60주년에 다시 해볼까 하는 이야기도 있다고 한다. 도시에서는 이런 일을 할 수 없다. 자연이 풍부한 지방에서 신뢰를 받으며 이어져 온 이자카야만이 가능한 일이다.

최근 몇 년간 전국적으로 오징어 어획이 좋지 않아 석 달 내내 한 번도 잡히지 않을 때도 있었다. 하지만 다섯, 여섯 마리라도 잡히면 가서 가져왔다. 한 마리만 잡힌 날도 있었지만 단 한 사람이라도 기뻐해 준다면 하는 마음이었다.

그런 마음을 아는 손님들은 전국 각지에서 찾아온다. 조용한 부부도 많고, 오늘 온 부부는 「참게」가 나오는 이 시기에 항상 온다고 한다. 시코쿠에서 온 분은 노모를 여행에 초대하니 여기를 원해서 먼 길을 마다하지 않고 찾아왔다. 노쇠한 몸을 걱정해 슬슬 가자고 재촉하니 "나는 여기서 좀 더 마시고 싶네"라며 움직이지 않았다고 한다. 또 이곳 마스다에서 촬영한 영화에 출연한 배우 토다 나호 씨도 다녀간 후 가게를 극찬했다고 한다.

여러 번 오다 보니 마스다라는 땅의 깊은 역사와 문화를 알게 되었다. 오안 7년(1374) 마스다 나나오 성주·마스다 가네미가 창건한 「만복사」에는 이 지역에 오래 거주한 그림 그리는 승려 「셋슈」가 만든 훌륭한 정원이 있다. 조지 2년(1363)에 창건된 사찰 「이코지」의 정원도 셋슈 작품이다. 본당의 「석가열반도」는 책상다리를 하고 앉아 아무리 오래 바라봐도 질리지 않는다. 이곳 본당 옆 처마는 하루요 씨의 증조부인 미야다이쿠(신사·절·궁전 따위의 건축을 전문으로 하는 목수)의 손길이 닿았다고 들었다.

가인·가키노모토노 히토마로〔일본 최고의 와카(일본 고전 시) 모음집 『만엽집』의 1인자로 꼽히는 7세기 후반의 대표적인 가인〕를 모시는 산 위 「가시모토 신사」의 긴 돌계단 위, 단자쿠〔단가, 하이쿠 등을 쓰는 직사각형의 두껍고 긴 종이〕를 든 히토마로 조각 앞에서 바라보는 전망은 훌륭하다. 시내를 벗어난 곳에 있는 「이와미 미술관·시마네현 예술문화센터 그랑토와」는 여유로운 건물은 물론 전시 기획도 훌륭하다. 근처 야스기시에 있는 「아다치 미술관」의 정원은 미국 정원 잡지에서 17년 연속 일본 최고의 정원 자리를 지키고 있다. 그러나 이 모든 것을 뛰어넘는 것이 일본 제일의 청류라 불리는 다카쓰가와 강가의 자연이다. "일본의 진짜 아름다움은 지방에 있다"는 말을 마음 깊이 실감하게 해준다.

그리고 밤이 또 왔다. 다고사쿠를 나선 뒤 걸었던 신상점가에는 전국의 명주를 두루 갖춘 사케 전문 이자카야, 차분한 분위기의 바, 자신의 감각을 살려 운영하는 젊은이들의 작은 이자카야와 와인 바가 있어 이내 단골이 되었다. 멀리 떨어진 이 작은 도시가 잘 알려지지 않은 덕분에 오히려 역사를 지키고, 젊은 이들은 뿌리를 잃지 않고 땅을 딛고 살아간다. 한 이자카야가 이 땅의 매력을 알려주고, 다시 찾고 싶은 곳으로 만들어 주었다.

혼자일 때 나는 언제나 카운터에 앉는다. 바쁘면서도 여유로운 손놀림, 손님을 의식하지 않고 묵묵히 일하는 모습을 바라보며 마시는 술은 무한한 편안함을 준다. 가끔 "그건 뭐예요?" 하고 묻는 것도 즐거움이다.

배불리 먹고 나온 밖은 완전히 해가 저물어 어둡다. 눈앞의 저수지는 농업용수로서의 역할을 마쳤다. 낮에는 야생 오리가 놀고 백로가 날개를 펼치며, 여름밤의 어둠 속에서는 개구리들의 대합창이 이어진다. 스며드는 푸르스름한 산의 밤 공기. 올려다보면 별이 가득하다. 그야말로 도원경. 이런 이자카야는 어디에도 없다.

OUTLINE
점포개요

FOUNDED | 창업

쇼와 41년(1966)에 창업. 전쟁 후에 지어진 박공지붕의 여관 건물을 인수했다. 점포명은 인수한 여관의 간판을 그대로 사용하고 있으며, 현재의 장소로 점포를 옮긴 것은 헤이세이 4년(1992)의 일이다.

HISTORY | 역사

현재의 점포는 네 번째 건물이며 계수나무 카운터는 두 번째 점포에서, 활어조는 현재 점포로 옮긴 후부터 사용하고 있다. 지역 목수가 점포를 지었으며 식기류는 점주 지인들의 창고에서 나온 것들도 사용하고 있다.

❶ **배식대**
여기에서 준비해서 각 방으로 운반한다.

❷ **이로리**
배식대에 천장에서 주전자 등을 달아맬 수 있도록 갈고리를 달았다. 여기서 차를 우려낸다.

❸❹❺❻❼❽ **개인실**
총 8개의 크고 작은 개인실은 인원에 따라 사용하며, 연결하면 큰 방으로 만들 수 있다.

CUSTOMER | 고객층

북쪽으로는 홋카이도부터 남쪽은 오키나와까지 먼 길을 마다하지 않고 전국 각지에서 찾아오는 손님이 끊이지 않는다. 하야시야 기쿠오(일본 희극 배우), 나쓰키 마리(배우), 히노 쇼헤이(배우), 도다 나호 등 유명 인사들도 많이 방문한다고 한다.

FILE

창업	쇼와 41(1966)년
지역	시마네 현 마스다 시
창업 시 형태	이자카야
구조	박공지붕인 목조 2층 건물
점주	시다하라 코(3대째)

정성껏 덧붙여진 장지문

인간국보 종이장인이 만든 장지문. 덧붙여진 한지가 예술적이다.

배선용 도자기 부품을 사용한 고리에 옷걸이가 걸려 있다. 세키슈와시를 덧댄 장지문도 정취가 있다.

천장에는 백색 도료를 입혀 아늑한 분위기를 자아내는 백열등이 매달려 있으며, 현재도 사용 중이다.

거칠게 다진 짚을 반죽해 넣은 흰 벽.

술잔과 조리기구、화로

다양한 종류의 술잔 등 식기는 점주의 지인들 창고에 잠들어 있던 것을 사용하고 있다.

오랜 세월 사용되어 온 다양한 종류의 식칼.
용도에 따라 구분하여 사용한다.

카운터 안에는 시치린이 여러 개 겹쳐져 있다. 각 방 테이블 중앙에 시치린이 들어갈 수 있도록 홈이 파져 있다.

DATA 다고사쿠	시마네현 마스다시 아카시로초 10-3 / 0856-22-3022 / 12:00~14:00, 17:00~22:00, 휴무일 불규칙

다고사쿠의 사람들

이자카야는 역 앞이나 네온가에 있어야 한다는 생각을 버리고, 사람 사는 곳에서 한 걸음 떨어진 자리에서 손님을 맞이하는 이 너그러움은 찾아온 이로 하여금 이곳을 자기만의 별천지로 느끼게 한다. 여기서는 누구나 마음을 씻고, 자신을 회복해 간다. 그런 손님들이 전국 각지에서 이곳을 찾아온다.

초대 사장 이와사키 하루요 씨, 조카이자 3대 사장인 코 씨.

문자 그대로 「다고사쿠」를 짊어지고 있는 하루요 씨의 뒷모습.

어릴 적부터 이렇게 「다고사쿠」에서 일하리라 생각했던 코 씨.

손님이 그린 젊은 시절의 하루요 씨. 가게 구석구석까지 묘사해낸 필치는 이 가게에 대한 애착이 아닐 수 없다. 일본 전역에 이만한 그림을 가진 이자카야는 없다.

방문한 스모 선수 도사노우미.

50주년 축하 선물로 손님이 건넨 것.

名代おでん
安兵衛

7 JAPAN HERITAGE OF IZAKAYA

おでん安兵衛
오뎅 야스베

변하지 않는 오뎅과 술

후쿠오카현 후쿠오카시

쇼와 초기 만주 다롄에서 시작된
오뎅 야스베. 시간이 흘러
식문화의 도시 하카타로 옮긴 지금도
오뎅과 가게의 마음은
변함없이 그곳에 남아있다.
옛 모습 그대로의 가게 안에서
구리 냄비로 끓여낸 오뎅을 천천히
술과 함께 맛본다.
여기에 있는 것은 오뎅과 술,
단 두 가지.
먹어보면, 맛을 안다.

하카타의 밤에 도착한 역사가 깊은 오뎅 이자카야

미식의 도시 하카타의 밤, 술을 마시러 다니던 중 하카타시 나카 강, 하루요시 다리를 건너 서쪽으로 좁은 골목을 어슬렁거리다 보니 왼쪽에 작은 「오뎅 야스베」가 보였다. 소박한 외관이지만 왠지 끌리는 기운, 가게 안 불빛도 환히 켜져 있다. 이곳은 제대로 가봐야겠다.

다음 날 다시 찾아갔다. 세 칸짜리 연립 건물의 가운데 자리로, 양옆 역시 식당이다. 이 가게만 1층에 삼각 박공지붕 모양의 장식 처마를 따로 달고, 2층 또한 높게 치켜세운 삼각 지붕처럼 꾸며 놓았다. 1층 현관 바닥에는 쪼갠 돌처럼 보이는 납작한 석판을 깔았고, 격자문은 길을 향하지 않고 오른쪽 안쪽으로 비스듬히 물려 배치했다. 남색 포렴도 그 방향에 맞춰 걸려 있어, 마치 '어서 오라'고 반쯤 열어 둔 듯하다.

문을 열면 곧바로 정면에서 길게 뻗은 두툼한 일자형 카운터가 보이고 그 둘레로 긴 걸상이 놓여 있다. 끝에는 큼직한 오뎅 냄비, 그 너머는 주방. 카운터 위를 덮은 긴 천장은 가운데가 약간 높은 배 선체 모양이다.

"이건 야카타 구조라고 해서 넓어 보이거든요."

오뎅 냄비 옆에 감색 한텐〔일본 전통의 짧은 겉옷, 일할 때 입는 작업복〕 차림으로 서 있는 노주인 오가사와라시 료스케 씨(쇼와 16년(1941)생·82세)가 알려주었다. 예전에 도쿄 스미다강에서 유람선을 탄 적이 있는데, 정말로 배의 선두가 곧 입구였던 기억이 난다. 이 가게도 그와 비슷하다. 다만 입구에 해당하는 공간은 가게 왼쪽 절반이고, 오른쪽 절반에는 일반 천장 아래로 긴 테이블 두 개가 놓여 있다. 한 장짜리 널빤지 테이블과 길게 놓인 의자는 두께가 무려 15cm나 되어 묵직하고, 다리는 바닥에 단단히 고정돼 있어 스모 선수가 앉아도 끄떡없을 듯하다.

"저쪽은 나중에 사서 가게를 넓힌 거예요."

과연 그렇다. 바닥은 그대로 이어지지만, 공간의 넓이는 두 배로 느껴진다. 정중앙에 큰 각기둥이 가로막혀 있는 것도 그 때문일 것이다. 손님이 둘러앉는 긴 카운터는 아무것도 올려두지 않은, 말끔한 한 장의 나무 판이다. 반면 어묵 냄비가 놓인 자리 주변에는 접시를 올려두는 작은 선반이 둘러져 있어, 그곳에만 세월의 윤기가 조용히 배어 있다. 이곳이 바로 주인의 일터다.

입구에 들어서면 두꺼운 카운터 좌석이 안쪽 부엌까지 이어져 있다.

2대째 오가사와라시 료스케 씨. 카운터 안쪽에 자리한 커다란 오뎅 냄비 앞이 료스케 씨의 자리다.

진한 간장으로 끓인 오뎅. 열전도율이 좋아 짧은 시간에도 맛이 잘 드는 구리 냄비를 사용하고 있다.

이국 다렌에서 시작된 가게와 사람의 발자취

「오뎅 야스베」의 역사는 본적 시부야에서 야마시타 기선에 근무하던 초대 오가사와라시 요시로(메이지 36년 생)가 만주 다렌으로 건너가 개업한 쇼와 7년(1932)으로 거슬러 올라간다. 그 가게는 1층에 통나무 의자 36석, 2층에는 다다미방 6칸을 둔, 무려 3층짜리 큰 오뎅집이었다.

"저기 가와쇼 같은 큰 가게였어요."

「가와쇼」는 하카타 최고의 오래된 대형 노포다.

당시 다렌은 자유무역항으로 술은 나다 지방에서 4말 5되짜리 특제 통으로 5~6통씩 들여왔는데 그중 두 통은 개인용이었다고 웃는다. 그 빈 술통으로 만든 의자는 고국을 그리워하는 마음을 불러일으켰을 것이다. 오뎅을 끓이는 데 열전도율이 좋아 빨리 부드러워지고 맛이 잘 드는 구리 냄비를 사용한 것도 이때부터다. 달걀을 껍질째 사흘에서 나흘 동안 삶는 방식은 피단〔중국의 삭힌 달걀 요리〕에서 힌트를 얻었다. 그 외에도 메추라기 꼬치구이와 아카시아 꽃 튀김은 정말 다렌다운 메뉴다.

손님들 대부분은 관동군이나 남만주 철도회사 직원들로 타국에서 일본술을 마실 수 있어 대성황이었다. 부모님은 많은 직원을 두고도 바쁠 정도였고, 6살이었던 료스케 씨는 주로 3층에서 지냈지만 심심해서 가게로 내려오곤 했다. 그러면 군인들이 "오오!" 하고 반갑게 맞아주었다고 한다. 고향에 둔 아이를 떠올리며 귀여워해 준 이들도 있었을 것이다. 패전 후 쇼와 22년(1947), 다롄 발 마지막 배로 귀국할 때 가게 물건은 모두 도와주던 사람들에게 넘기고, 직원들과 함께 총 36명이 귀국했다. 료스케 씨는 초등학교 2학년이 되어 있었다. 배는 하카타에 입항했다. 하카타에 사는 어머니의 여동생 집에 잠시 머물다가 요코스카의 귀국자용 해군 기숙사에서 쇼와 31년(1956)까지 지냈다.

나(오타)는 쇼와 21년(1946) 3월 패전 후 베이징의 일본인 수용소에서 태어나 생후 3주 만에 부모님과 두 살 위의 형과 함께 텐진에서 귀환선에 올랐다. 나보다 다섯 살 위인 료스케 씨의 귀환 체험에 귀 기울이지 않을 수 없었다.

일본으로 돌아온 아버지 요시로 씨는 쇼와 36년(1961) 후쿠오카 하코자키에서 오뎅 가게 「오뎅 야스베」를 재개했다. 4년 후 아내의 여동생이 사는 하카타 쪽이 낫다며 이곳으로 왔다. 일곱 자녀 중 누나 둘, 여동생 둘, 스무살이 된 자신까지 다섯 명이 도와 개점했다. 카운터는 편백나무로 만들었다. 의자는 다롄과 마찬가지로 술통으로 하려고 가라쓰 지역 다루(술통)장인에게 의자용으로 가는 통을 특별 주문했다. 통을 감는 타가(쇠테)는 보통 같은 방향으

2대 사장 료스케 씨의 누나가 매장에 서 있던 당시 사진.

료스케 씨가 입은 한텐 등 뒤에 「야스베의 야(安)」라는 글자가 새겨져 있다. 어묵은 먹기 좋은 크기로 잘라 제공된다.

로 감지만, 이곳에서는 위아래를 반대로 감아 손님이 몸을 흔들어도 견딜 수 있게 했다. 그 결과 한 개에 25만 엔이나 들었다. 간간이 물을 뿌려 타가를 조여 쓰다가 차츰 긴 걸상으로 교체했고, 마지막 남은 하나는 지금 우산꽂이로 쓰이고 있다. 카운터 벽 쪽의 굵은 통나무 의자 세 개는 가게를 열 때 손님이 '축하 선물'이라며 길가의 녹나무를 베어 만든 것이다.

개점 25년 후 옆집을 매입하여 벽을 허물어 넓혔고 튼튼한 테이블과 의자는 료스케 씨의 처남이 생선가게에서 큰 도마로 쓰려고 했던 은행나무를 받아 만들었다.

아버지는 72세에 은퇴하셨다. 자매들도 차례로 시집을 갔다. 시집 간 곳은 모두 음식점이었는데 누나 중 한 명은 도쿄 긴자의 정어리 요리점 「이와시야」에 시집갔다. 내가 긴자 시세이도에서 근무할 때 점심에 자주 들러 얼굴을 봤을지도 모른다. 명점 「이와시야」가 문을 닫아 아쉽다.

변하지 않는 가게와 변하지 않는 어묵의 맛

지금은 료스케 씨와 부인 요코 씨, 아들이자 3대째인 고 씨가 이어가고 있다.

주력 상품인 오뎅은 진한 간장색을 띠며 부글부글 끓여서 관동 지방의 「끓이지 않고 데우기만 하는」 어묵과는 차원이 다르다. 간모〔으깬 두부에 당근, 표고버섯, 은행 등의 재료를 섞어 둥글게 빚어 튀긴 음식〕, 곤약, 양배추말이, 모치긴차쿠〔유부 주머니 안에 떡을 넣은 오뎅〕, 제철 토란, 표고버섯... 그리고 통으로 썰어 먹빛처럼 까맣게 익은 무는 쌀뜨물에 미리 삶아둔 뒤 하루 이틀 푹 끓여 만든 것이다. 껍질째 나흘간 고아낸 달걀은 접시에 담기 전에 껍질을 벗긴다. 오뎅 중에 자랑으로 내놓는 이와시

쓰미레〔정어리를 다져 경단 모양으로 만든 어묵〕는 입고가 없어 내놓지 못하는 날이 있는게 아쉽다. 인기 있는 쑥갓은 한 사람 분씩 묶어둔 외대를 풀어 줄기는 잠시 냄비에 담그고, 잎은 살짝만 데쳐 낸 것이 고소하고 향긋해 가장 인기다. 더 주문하면 데워주는 미역, 유바〔두유에서 건져낸 얇은 막으로 만든 식재료〕도 일품이다.

국물은 보기보다 짜지 않으며 여러 명이 오뎅 오마카세〔그날의 재료로 구성한 상차림〕를 주문하면 각자에게 개별로 국물 담은 작은 사발을 내주는데 그 맛을 천천히 음미해주길 바라는 마음일 것이다. 마무리로 역시 차메시〔찻물로 지어 소금으로 간을 맞춘 밥〕가 빠질 수 없다. 오뎅에 톡 쏘는 겨자는 두 번 반죽하는 것이 비결이라고 한다.

구리로 만든 깊은 오뎅 냄비는 매일 씻다 보니 점점 얇아져서 한 냄비가 14, 15년이면 수명이 다해 지금은 네 번째 냄비를 쓰고 있다. 도쿄 갓파바시〔일본에서 제일 큰 주방용품을 구입할 수 있는 도구 거리〕에서 구입한다고 한다. 다렌 시절부터 아버지는 늘 말하곤 했다고 한다. "당연한 일을 당연하게 하라. 처음 정한 것은 바꾸지 마라." 료스케 씨는 "이것이 오래 버틸 수 있었던 이유일 것"이라 말한다. 전국적으로 오뎅집은 많지만 전쟁 전 다렌에서 시작해 지금까지 변함없이 이어진 곳은 매우 드물다. 오뎅도, 구리 냄비도, 그 정신도 변하지 않았다.

포렴에 새겨진 문양, '口'자 안에 시계 방향으로 배열된 '呑(마실 음) · 味(맛 미) · 足(족할 족) · 知(알 지)'는 즉 '마실 만큼 마셔야 비로소 맛을 안다'는 뜻이다. 이 문장은 다렌에서 개업할 당시 손님이던 한 스님이 알려준 것이라 한다. 나는 중학교 수학여행 때 방문한 교토 료안지에서 쓰쿠바이〔다실 입구에 설치한 손 씻는 물그릇〕에 새겨진 '오유족지〔吾唯足知, 오직 족함을 알 뿐이다〕'를 떠올렸는데, 아마 그 정신이 이어진 것일 게다.

다양한 손님이 찾아오고, 돌아가고
그리하여 역사는 계속된다.

만담가 곤데이 신쇼를 길쭉한 얼굴로 만든 듯한 료스케 씨가 조리를 신고, 등에는 야스베의 야㊫가 적힌 한텐을 걸친 모습이 이야말로 오뎅집 주인 그 자체다. 하지만 그의 기억력과 말투는 놀라울 만큼 또렷하다. 3대째인 아들 고 씨는 검은 다이얼

현재 82세인 료스케 씨는 두껍고 든든한 목소리로
가게의 역사를 생생하게 이야기해 주었다.

우루메노 마루호시(정어리를 통째로 말린 것) 구이를 여주인이 직접 구워주는 것이 야스베의 오토오시(손님이 주문한 요리가 나오기 전에 내는 간단한 음식)다.

예전에 내가 하카타에서 자주 가던 이자카야 「데라다야」에서 기풍 좋은 하카타 출신 마스터에게 야스베에서 오는 중이라고 하자 예전에 자신도 가보았으나 "주인이 너무 무서워서, 휴대폰도 꺼내지 못했어요." 하고 웃었다. 그 후 검도 선생님께 이끌려 "이 친구 좀 잘 부탁합니다." 하고 주인에게 고개를 숙였다는 이야기가 하카타답다. 여기에는 오뎅과 술밖에 없다. 하지만 가게 안을 채우는 공기는 긴 세월이 만들어낸 무게를 담고 있다. 그리고 그 무게가, 손님들이 이 집을 오래도록 찾게 하는 이유일 것이다.

전화로 걸려오는 예약 전화를 정중하게 받는다. 그러다 부인 요코 씨가 와서 내 자리 옆 부엌에서 작은 말린 우루메를 굽기 시작했다. 손님이 주문하기 전에 먼저 나오는 오토오시인데 소박한 가게에 딱 어울리고 아주 맛있다.

오늘은 카운터는 양보하고 2층 계단 아래 큰 테이블에 앉아 술을 마셨다. 천장이 손 닿을 듯 가까워 오히려 마음이 차분히 가라앉는다. 이곳에는 큐슈 대학 교수 손님이 많아 제자들을 데리고 오는 경우도 많다고 한다. 후쿠오카는 전근(轉勤) 문화가 강한 도시라 20년, 30년 만에 다시 찾아오는 손님도 드물지 않다고 한다. 조금 전 들어온 미인 두 사람은 빈 카운터에 앉아 "정말 좋네" 하는 표정으로 가게를 둘러본다. 여성이 이런 가게를 좋다고 느껴주는 것은 참 기쁘다. 몇 명이 함께 온 젊은 남녀도 입구 쪽 카운터에 둘러앉았지만 가게의 분위기를 읽고 시끄럽게 떠들지 않는다.

名代おでん
安兵衛

OUTLINE
점포개요

FOUNDED | 창업

초대 오가사와라시 요시로 씨가 쇼와 7년(1932) 중국 다롄에서 개업. 귀국함에 따라 쇼와 36년(1961) 일본에서 재개. 하카타를 선택한 것은 귀국 후 요시로 씨 아내의 여동생이 하카타에 살고 있었던 것이 계기.

HISTORY | 역사

포렴에 적힌 글「음식 맛을 알면 만족한다(呑足味知)」는 선종 승려에게 받은 말로 초대 사장이 다롄에서 쓴 것이다. 뿌리인 다롄의 가게에서도 오뎅을 메인으로 메추라기 꼬치구이, 전골 요리 등을 제공했다.

❶ 천장

약간 중앙이 높은 후나조코 텐조. 이 덕분에 넓어 보이는 효과가 있다고 한다.

❷ 카운터

문을 열면 두꺼운 카운터가 일직선으로 뻗어 있다. 불필요한 것은 아무것도 놓여 있지 않다.

❸ 메뉴판

대표 메뉴인 오뎅이 늘어선 메뉴판. 여름철에도 제공하고 있다.

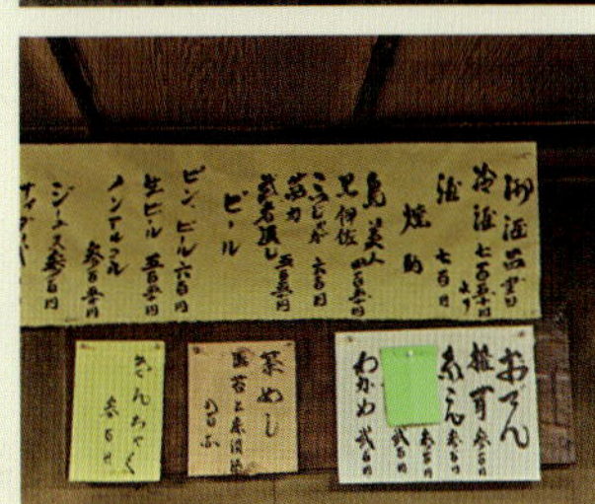

❹ 테이블

무척 튼튼해 보이는 테이블과 의자는 2대째인 료스케 씨의 처형이 물려준 은행나무로 만들었다.

CUSTOMER | 고객층

예전에는 회사원이나 큐슈대학 교수들이 주로 찾았지만, 지금은 젊은 손님과 관광객이 늘고 지역 주민의 방문은 다소 줄어드는 추세라고 한다. "아버지 때와 맛이 그대로네." 그렇게 말해줄 때가 가장 기쁘다고 2대째인 요시로 씨는 말한다.

FILE

창업	쇼와 36(1961)년
지역	후쿠오카현 후쿠오카시
창업 시 형태	요리집
구조	목조 2층 건물
점주	오가사와라시 고(3대째)

오뎅만 파는 소박한 가게이기에 더욱 세련되게 다듬은 인테리어

가게의 위엄을 나타내기 위해 설치한 박공 지붕의 처마.

천장은 가운데가 높게 설계된 후나조코 텐조. 유람선 같은 구조를 하고 있다.

도로변의 녹나무를 베어 만든 통나무 의자는 손님들의 개업 축하 선물.

소중히 사용되어 온 도구들

간모도키, 곤약, 양배추말이, 모치긴차쿠, 토란, 표고버섯, 무, 달걀…… 생각나는 모든 재료가 구리 냄비에서 끓여지고 있다.

「口」를 중심으로 「음식 맛을 알면 만족한다」를 쓴 상징.

현역인 검정색 전화. 지금도 이 전화로 예약을 받고 있다.

예전에는 의자로 사용되던 통을 지금은 우산꽂이로 활용. 두 개의 띠가 역방향으로 감겨 있는 점이 눈에 띈다.

DATA 오뎅 야스베	후쿠오카현 후쿠오카시 추오구 니시나카스 2-17 / 092-741-9295 / 18:00~23:00, 일요일 정기휴무

가족과 오뎅

전쟁 전 다렌에서 시작된 가게는 가족의 역사이기도 하다.
「처음에 정한 것을 바꾸지 않는다」는 전통은 지금도 그대로 이어지고 있다.

2대째인 오가사와라시 료스케 씨, 부인 요코 씨, 아들이자 3대째인 고 씨.

반짝이는 구리 냄비가 료스케 씨의 자랑.

오뎅의 맛을 잇는 고 씨.

가족의 유대가 전해지는 사진들.

一代
いちだい
清酒
武蔵
武蔵

8

JAPAN HERITAGE OF IZAKAYA

酒房武蔵
슈보 무사시

변함없는 버팀목

후쿠오카현 기타큐슈시

제철도시로 번영한 기타큐슈시 고쿠라.
그중에서도 가장 번화한 거리,
우오마치 긴텐가이에 자리한
당당한 2층 건물. 가게 이름은
검객 미야모토 무사시의 이름에서 따왔고
호쾌한 남성미는 이 지역만의 특징일까.
시대가 변하며 거리와 손님도 바뀌었지만
지금도 일하는 사람들의 휴식처가 되어
누구나 하루의 고단함을 여기에서 치유한다.
대연회장처럼 붐비는 이자카야에서
시끌벅적하게 술을 마시는 건전함.
그 자체가 이자카야의 멋이다.

카운터 정면에는 「무사시(武蔵)」라는 입체 글자가 당당하게 걸려 있다.

제철의 도시 고쿠라에서 남자의 세계를 느끼다

기타큐슈시 고쿠라는 다이쇼 7년(1918), 실업가 아사노 소이치로가 지쿠호 탄광을 기반으로 제강소를 설립하고, 이후 스미토모 금속공업과 합병해 고쿠라 제철소가 출범하면서 본격적인 제철 도시로 성장했다. 용광로의 불이 꺼지지 않는 도시로서 일본의 중공업을 떠받쳐 온 곳이다.

메이지 40년(1907), 기타큐슈시 와카마쓰구에서 태어난 작가 히노 아시헤이의 아버지 다마노이 긴고로는 석탄을 싣고 내리는 항만 노동자 조직인 '다마이조'의 우두머리로서 노동자들을 이끌며, 그들의 지위 향상을 위해 힘썼다. 2대째를 이은 아시헤이(본명 가쓰노리)는 작가 활동을 이어갔으며, 아버지를 모델로 한 소설 『꽃과 용』은 부두 노동자에서 한 인간으로 성장해가는 과정을 그린 작품이다. 이 작품은 같은 후쿠오카현 출신인 다카쿠라 켄 주연의 영화 『일본협객전·꽃과 용』으로 처음 영화화되었고, 이후 이시하라 유지로와 아사오카 루리코, 또 나카무라 긴노스케와 사쿠마 요시코가 각각 주연한 영화로도 제작되었다.

같은 고쿠라 출신인 이와시타 사쿠는 쇼와 14년(1939), 잡지 「규슈 문학」에 발표한 소설 『도미시마 마쓰고로 전』으로 평판을 얻었고, 쇼와 18년(1943)에는 이나가키 히로시 감독, 반도 쓰마사부로와 소노이 게이코 주연의 영화 『무법자의 일생』으로 제작되었다. 이후 미후네 도시로와, 다카미네 히데코, 미쿠니 렌타로와 아와시마 치카게, 가쓰 신타로와 아리마 이네코 등 당대 최고의 배우들이 차례로 리메이크한 명작이 되었다. 거친 성격 속에 순정을 간직한 주인공은 남자 배우라면 누구나 한 번쯤 도전하고 싶어 하는 역할로 꼽힌다.

"고쿠라에서 태어나 겐카이에서 자랐네. 입도 걸걸하고 성질도 사나워라……"

가수 무라타 히데오가 부른 「무법자의 일생」은 대히트를 기록했다. 고쿠라에는 남자들의 세계가 있다. 평생을 아프가니스탄 등 해외의 관개 사업에 바치다 비극적으로 생을 마감한 의사 나카무라 데쓰 역시 다마이 긴고로의 손자로, 할머니의 "직업에 귀천은 없다. 사람을 위해 헌신하라"는 말을 자신의 좌우명으로 삼았다고 한다. 이 또한 고쿠라가 길러낸 '의리와 강직함을 지닌 남자의 기개'를 보여주는 한 예라 할 수 있다.

2층에서 계단을 내려오면 「감사합니다. 또 오세요」라는 간판이 보여 마음이 따뜻해진다.

밝고 깔끔하게 다다미가 깔린 가게 안. 우연히 가게에서 만난 지인과 모여 술을 마시는 것도 고쿠라 스타일의 즐거움이다.

"이것이 바로 이자카야다!"라고 할 만한 호쾌한 분위기 속에서

고쿠라 중심부, 간타테 강을 통해 배로 운반된 생선과 물자가 하역되던 곳에서 시작된 단가 시장은 2022년 두 차례의 화재로 큰 걱정을 안겼다. 그러나 한쪽 골목은 남아 여전히 영업을 이어가고 있었고, 오늘 그 모습을 보고 나니 다소 안심이 되었다. 그곳에서 이어지는 고쿠라 최대의 번화가인 우오마치 긴텐가이 한복판 모퉁이에 주인공처럼 우뚝 선 2층 큰 건물이 「슈보 무사시」다.

건물 1층 외벽을 둘러싼 큼지막한 술집 간판은 한 장이 다다미 절반 크기다. 기쿠마사무네(菊正宗), 센푸쿠(千福), 겟케이칸(月桂冠), 오제키(大関), 하쿠세쓰(白雪), 모토미네쓰루(基峰鶴), 후쿠비진(福美人), 사와노쓰루(澤之鶴), 이치다이(一代), 하쿠시카(白鹿), 사쿠라마사무네(櫻正宗)까지 모두 열한 장에 이른다. 그 광경만으로도 이곳이 술 마시는 집임을 단번에 각인시킨다.

모퉁이 양쪽에 있는 현관 셔터에는 「쇼와 28년 창업· 슈보 무사시 오후 4시 30분 개점 093-531-0634 (무사시)」라고 크게 쓰여 있다. 이자카야임을 숨길 생각이 전혀 없는, 남자다운 호쾌함이 느껴진다.

긴텐가이 쪽 현관을 열면 양쪽으로 길게 뻗은 L자 카운터 모퉁이로, 네모난 대나무 기둥이 상징적으로 서 있고 오른쪽에 12석, 왼쪽에 12석, 총 24석이 있다. 양쪽 카운터 앞에는 메뉴를 적은 검은 칠판과 길쭉한 종이 메뉴판이 걸려 있고 나무로 만든 한 홉들이 잔, 술을 데우는 주석병, 7구 원형 칸쓰케 기구, 행주가 질서 정연하게 놓여 있다. 앞쪽 두 곳의 서빙 구멍은 곧바로 주방과 연결된다. 여덟 개의 둥근 등불 아래 놓인 깔끔한 카운터에는 각 자리마다 젓가락과 작은 접시, 메뉴판, 연필이 꽂힌 주문 전표 묶음이 갖춰져 있어 계산이 명확하다. 이처럼 실용성과 세심함이 자연스럽게 스며든 카운터는 좀처럼 본 적이 없다.

다른 쪽 1층 입구는 2층으로 올라가는 계단과 연결되고, 그곳에서 신발을 벗는다. 올라가면 큰 다다미방이 펼쳐진다. 벗어 놓은 신발은 직원이 큰 신발장에 정리해 보관한다. 좌식 공간은 입구 부분만 마루로 되어 있으며, 공중목욕탕 안내대처럼 놓인 테이블에 여주인이 앉아 있고, 여종업원들이 맞이하며 줄지어 서 있다. 손님의 요청에 따라 자리를 안내하고 주문을 받은 후 돌아와 술과 음식을 준비한다.

약 100장 되는 다다미방〔약 46평〕 규모의 넓은 방에는 4인용과 2인용 호리고타쓰〔다리를 넣을 수 있도록 다다미 일부가 파여 다리 밑 공간이 있는 테이블 형태의 좌석〕 테이블이 총 20개 배치되어 있으며, 나무 칸막이로 구분되어 있다. 벽 쪽은 단체용인지 호리고타쓰 없이 다다미에 앉는 크고 긴 테이블이 두 개 있다. 어느 자리든 방석이 깔려 있어, 자 어디든 편히 앉으라는 분위기다. 테두리가 없는 다다미는 유도장을 떠올리게 할 만큼 꾸밈이 없어 좋다.

내가 처음 이곳을 찾았던 20여 년 전에는 공간 전체가 다다미였고, 손님들은 테이블을 자유롭게 옮기며 칸막이의 위치도 바꾸곤 했다.신발을 벗고 올라가는 이 대연회장 같은 이자카야는 아는 사람을 발견하

무인 화가로도 알려진 미야모토 무사시의 「호테이 관투계도 布袋観闘鶏図」와 글이 쓰인 족자가 걸려 있다.

면 "어이, 여기 와서 한잔 하고 가!" 부르며 함께 마신다. 점점 인원이 늘어나는 것이 고쿠라의 술자리 방식이다.

나는 이자카야가 도시 속의 고독을 즐기는 장소라며 멋을 부리곤 했지만, 혼자 이 좌석에 앉아보니 정말 마음에 들었다. 멀리 떨어진 자리에 앉은 남자가 "저 녀석 뭐야?" 하는 눈빛으로 쳐다보면 가볍게 술잔을 들어 눈인사를 한다. "아, 그래"라는 듯 그가 같은 동작으로 답해준 게 잊히지 않는다. 큰 방은 환하게 밝았고, 입구 마루에 서 있는 여성들은 항상 손님에게 신경을 쓰며, 신호를 보내면 전표를 손에 들고 재빨리 와서 쪼그려 앉았는데 그 미니스커트 다리가 눈부셨다(야, 뭐야!).

벽 중앙에는 여기까지 250엔, 여기까지 330엔 하고 메뉴판이 늘어서 있다. 70여 가지가 넘는 메뉴 중 가장 싼 것은 〈호박 고로케〉가 250엔이다. 시모노세키 참복으로 만든 〈복어 회〉가 990엔, 〈말고기 회〉 1100엔이 최고가였다. 내 단골 메뉴는 고쿠라 영주 호소카와 다다오키가 추천했다는 정어리를 쌀겨에 절여 구운 〈정어리 누카조림〉과 〈오바이케〔데친 고래 꼬리 지느러미 요리〕〉다. 이것을 기마스에 담긴 데운 술과 함께 쭉 들이키면 그만이다.

술잔을 놓는 마스.

4시 반이 되자 점점 몰려드는 손님들은 익숙하게 제멋대로 자리를 잡고, "저기요" 하며 여자 종업원을 손짓으로 부른다. 체격 좋은 남성 몇 명이 "여기가 최고지~" 하며 웃고, 정장 차림 회사원들, 은퇴한 어르신 그룹, 2인용 고타쓰에 기뻐하는 젊은 커플, 그리고 구석엔 많은 사람들 속에 있는 게 안심되는 듯한 혼술 손님도 보인다. 여주인이 앉아 있는 테이블이 공중목욕탕 안내소 같다고 적었는데 바로 이곳이 공중목욕탕이다. 하루의 피로를 씻어내는 '혼욕탕' 같은 공간.

고쿠라에서 일하는 다양한 사람들의 안식처

「슈보 무사시」는 쇼와 28년(1953)에 우선 1층이 개점했고, 5년 후 2층이 문을 열었다. 전쟁 후 부흥의 기세에 1층만으로는 부족해 넓은 2층 홀이 필요했던 모양이다. 스미토모 금속, 일본제철 등의 주야 3교대 근무에 맞춰 가게도 직원 3교대로 낮 12시부터 밤 12시까지 연속 영업하며 야근을 마친 손님을 맞이했다.

창업자인 혼고 나오요시 씨는 검술을 익혔는데 일본 최고의 검호 미야모토 무사시의 이름을 따 「슈보 무사시」라 이름 붙이고 「맛과 값에서 일본 제일」을 목표로 했다. 대연회장에는 무사시가 그린 고목명격도(枯木鳴鵙図)가 액자에 걸려 있다. 잔가지를 팽팽히 휘게 그린 긴장감은 마치 일본도를 떠올리게 한다.

헤이세이 25년(2013) 마이니치신문 저녁 판은 〈슈보 무사시 개업 60주년·포렴을 지나 들어서면 옛 고쿠라로—간판 아가씨 79세〉라는 제목으로 〈시정 50주년을 맞은 거리를 포렴 너머로 지켜봐 왔다〉며 가게와 고쿠라의 일체감에 대한 기사를 실었다. 창업 때부터 일해 온 구보 치에노·기미코 자매(기사에서 79세와 71세)는 이렇게 회상한다. "예전엔 매일이 축제처럼 떠들썩했어요. 손님이 너무 많아 자리가 없으면 복도에서도 마시곤 했지요." 또 기사에는 이렇게 적혀 있다. 〈60년 동안 손님의 얼굴도 거리의 모습도 변해갔다. 거친 공장 노동자들에서 회사원으로. 굴뚝에서 뿜어져 나오는 매연에 휩싸인 거리는 이제 「환경 도시」라 불릴 만큼…… 하지만 변하지 않은 것이 있다. 가정적인 분위기의 가게 안에서 사람들과 거리를 지켜봐 온 초대 점주·혼고 나오요시 씨는 말한다. "하카타와 달리 고쿠라 사람들은 새로운 것에 처음엔 거부감이 있다. 하지만 한번 받아들이면 끝까지 함께한다. 이 땅의 사람들이 있었기에 가게도 살아남았다."〉 기사 말미에서 담당 기자의 이 가게에 대한 애정을 느낄 수 있다.

창업기에는 직원 약 10명이 숙식하며 일했고, 초대 여주인 준코 씨는 그들에게 다도와 꽃꽂이를 가르쳤다. 현재는 2대 주인인 나오요시 씨와 부인 가즈요 씨가 이어가고 있다. 나오요시 씨는 도쿄에서 TV 프로그램 대형 제작사에서 일하고 있었으나, 어머니 준코 씨가 건강이 악화되자 1994년 부인과 함께 고쿠라로 돌아와 가업을 잇기로 했다. 도쿄에서 와서 2대 여주인이 된 며느리 가즈요 씨는 시어머니 준코 씨에게 "손님과 이야기할 때는 반드시 눈을 보고 말하라. 돌아갈 때도 눈을 보고 감사 인사를 하라. 설령 싫은 일이 있어 술을 마시러

2대째인 혼고 나오요시 씨의 부인이자
여주인인 가즈요 씨.

온 손님이라도, 마지막에는 웃으며 돌아가게 해야 한다." 젊고 아직 서툰 직원이 차츰 성장해 가는 모습을 지켜보는 것 또한 여주인으로서의 큰 즐거움이다.

2층 홀의 여주인 테이블 뒤에 붙어 있는 창업 당시 매장을 담은 흑백 사진에는 젊은 여성 직원들이 초기 백화점 식당 직원 같은 반소매 원피스(아마도 남색 바탕)에 새하얀 큰 칼라를 드러내고 흰 앞치마를 하고 있다. 여성이 일할 수 있는 직장이 아직 제한적이던 시대에 이들은 단순한 술집 종업원이 아니라 '근대적 직업 여성'으로서 자부심을 갖고 일했던 것이다. 하루 노동을 마치고 돌아온 남자들은 활기찬 여성들이

반가웠을 것이다.

나 역시 몇 번 오가는 동안 늘 웃으며 열심히 일하고 피부가 아주 고운 2대째 미인 여사장 가즈요 씨의 열렬한 팬이 되었다.

도쿄에서 기질이 거친 지역에 오는 불안함은 가게 직원들이 따뜻하게 맞아준 덕분에 사라졌고 곧 익숙해졌다. 남자 손님들, 나이 든 술꾼들이 이렇게 많은데 놀랐지만 성품이 따뜻하고 정이 많다는 것을 알게 되었다. "고쿠라 여성들은 어떻습니까?" 라고 거듭 묻자 잠시 생각한 뒤 말했다. "성격은 강하지만 남자를 받들어줍니다." 상냥하기만 한 아내로는 집을 맡길 수 없다. 남자는 일단 밖에 나가면 전쟁터다. "기세는 강하되, 남자를 세워 줄 줄 아는 사람." 이보다 든든한 여성이 있을까. 아내로 맞이한다면 고쿠라의 여성이다.

주인인 나오요시 씨는 매우 겸손하고 예의 바르며, 놀랍게도 부모님을 비롯한 혼고 일가는 술을 못 마신다. 그러나 가게를 사랑하는 지역 손님들의 마음을 알기에 가게를 지켜야 한다는 책임감이 더 깊어졌다고 한다. 지금은 4시 반에 문을 열고 마감은 10시 30분에 하고 있는데 더 늦은 시간까지는 "절대" 못한다고 한다. 창업한 아버지는 무사시를 운영하면서 법조 관계·신사 관계의 조정위원을 맡고 지금도 마을의 일꾼 역할을 하는 것은 의를 중시하는 고쿠라 사람이기 때문이다. 아들인 나오요시 씨는 어릴 적부터 그런 아버지를 보며 많은 사람들의 사랑을 받으며 자랐다.

처음 안내받은 두 개의 개인실은 돌로 만든 미니 정원에 미야모토 무사시의 그림 「호테이 관투계도(布袋看闘鶏図)」가 걸려 있고, 누군가의 서예로 쓴 무사시의 말 「천일의 수련을 단이라 하고 만일의 수련을 련이라 한다」는 액자가 장식되어 있다. 이쪽 개인실은 남의 눈을 피하고자 하는 손님들이 많이 찾는다. 다만 요리 가격은 300엔, 400엔대로 다른 자리와 같다.

1층 카운터는 항상 개점하자마자 만석이다. 스모가 있을 때는 벽 뒤 TV 중계로 분위기가 달아오르는데, 오늘은 마침 대스모 규슈 대회 중이었다. 그러고 보니 하루마후지 코헤이〔제70대 요코즈나를 지낸 스모 선수〕의 손도장 색종이가 걸려 있었다. 여기는 혼자 마시는 사람이 많지만 연대 의식이 강해, 어느 크리스마스 날 한 사람이 「고요한 밤」을 부르기 시작하자 모두가 따라 불렀다는 이야기가 아름답다.

자, 마시자. 다다미방 구석에 앉아 데운 「구스기쿠(九州菊)」를 꿀꺽 마시니 기분이 맑아졌다. 코로나 자숙 기간에 집에서 마시는 술이나 줌으로 하는 연회가 아니라 이렇게 서로 얼굴을 마주 보며 웃고, 다른 사람들이 있는 큰 방에 들어가 시끌벅적하게 마시는 술의 건강함. 상쾌하다. 벽 쪽의 긴 테이블에는 여덟 명의 단체가 와서 자리를 옮기며 좌식 세팅을 조정하고 있다. 순간 깨닫는다.

낮에는 일하고, 밤에는 모두 함께 마신다. 거기에 귀천은 없다. 이 가게는 그런 고쿠라의 변함없는 마음의 안식처다.

OUTLINE
점포개요

FOUNDED | 창업

쇼와 28년(1953)에 창업. 창업 당시에는 낮 12시부터 밤 12시까지 3교대제로 운영했다. 창업 후 5년간 건물은 단층이었다. 가게 이름의 유래는 검도를 배웠던 초대 혼고 나오요시 씨가 미야모토 무사시로부터 따왔다.

HISTORY | 역사

고쿠라에서 특히 번화한 상점가 「우오마치 긴텐가이」를 대표하는 대중 술집으로, 규슈는 「가쿠우치〔나무 잔의 모서리에 입을 대고 마신 것이 어원. 기타큐슈의 탄광 지대에서 일하는 탄광부들이 밤낮을 가리지 않고 마실 수 있는 가쿠우치 문화는 전국으로 확산되었다〕」의 발상지라고도 불린다. 제철소 야간 노동자들이 일을 마친 후 들르는 경우가 대부분이었기에 낮부터 영업을 했다.

❶ 가면

벽에는 도장이 벗겨진 낡은 반야(일본어로 한냐. 불교의 지혜를 의미하는 반야와 질투와 원한에 가득 찬 여성 귀신을 표현한 일본 가면을 가리키기도 한다)와 웃는 얼굴의 가면이 좌석을 내려다보는 형태로 걸려 있다.

❷ 메뉴판

좌식 공간 벽 중앙에는 메뉴판이. 250~1100엔까지의 요리가 나열되어 있다.

❸ 대연회장 현관

카운터에서 2층으로 올라가면 대연회장이 있고 바로 앞에는 신발을 벗는 현관이 있다.

CUSTOMER | 고객층

기타큐슈는 공업 지대라는 점도 있어 아침부터 영업을 하는 이자카야에서 야근 후 술을 마시는 경우가 많으며 과거에는 슈보 무사시도 노동자 손님이 대부분을 차지했다. 최근에는 손님 층이 넓어지고 특히 여성 손님이 늘고 있다고 한다.

FILE

창업	쇼와 28(1953)년
지역	후쿠오카 현 기타큐슈 시
창업 시 형태	이자카야
구조	목조 2층 건물
점주	혼고 나오요시(2대째)

편안한 분위기를 연출하는 여러 장치들

깔끔하게 정렬된 방석과 젓가락이 손님을 기다린다.

2층 대기석에도 운치가 느껴진다.

반야 가면이 노려보고 있다. 아래는 보물선.

치로리, 잔술, 고마사바(신선한 고등어회에 간장양념과 참깨를 곁들인 요리로 특히 하카타에서 단골 메뉴로 널리 사랑받고 있다). 우선 이 세 가지를 세트로.

창업 당시의 모습

가게 안에 장식된 창업 당시의 사진.

DATA 슈보 무사시	후쿠오카현 기타큐슈시 고쿠라키타구 우오마치 1-2-20 / 093-531-0634 / 16:30~22:30, 일요일 공휴일 정기휴무

移転しました!
和田整形外科
阪東医院2Fへ移転しました
鍛冶町一丁目5-10
☎551-3900
高級清酒
白雪

客引き
ついてい
魚町1丁
酒房
酒の殿堂
武蔵
アサヒビール
武蔵
10－翌6
清酒
大関
月桂冠
純粋清酒
千福
センプク
菊正宗
KIKUMASAMUNE
防犯カメラ作動中
客引きは迷惑行為
酒房
武蔵

タカラビール
紋章
酒王
帝國
天下 無双
醤 甚 油
フジジン
専売公社前
金鳥
キンチョール
アース渦巻
タカラビール
ハウスカレー
三光丸
こばた
たばこ
コバタ
衣料品なら
キンヨ
城屋のかすてら
天下 無双
醤 甚 油
フジジン
焼 酎
寶 星
郷土料理 こつこつ庵
煙草小売所
とり天
アサヒビール
こつこつ庵
営業中

こっこつ庵
고쓰고쓰안

법랑 간판 그 너머에

오이타현 오이타시

세월을 견딘 것들을 아끼고 존중하는
마음 때문일까. 가게 안은 오래된
물건들로 빼곡히 채워져 있어
마치 현대적인 박물관에 들어선 듯하다.
명주가 줄지어 늘어선 소주 선반을 등지고
푸르스름하게 빛나는 가보스를
지역 특산인 보리 소주에 짜서 마신다.
독특한 오이타 향토 요리를 안주삼아
쇼와라는 시대로 여행을 떠난다.
지금도 여전히 현역인 주크박스에서
기분 좋은 재즈가 흐르고,
오늘도 술잔을 자연스레 재촉한다.

법랑 간판이 붙은 「고쓰고쓰안」 안쪽에는 현대식 건물이 대조적으로 서 있다.

압권인 법랑 간판에 이끌려 쇼와 시대로 여행을 떠나다

오이타 시의 중심부, 거대한 지방청사 건물과 통유리 19층 초현대식 오이타 합동 신문 본사 빌딩에 끼어 무언가에 저항하듯 삼각 지붕의 큰 목조 주택 「고쓰고쓰안」이 우뚝 서 있다.

압권은 외벽 전면을 가득 채우는 법랑 간판이다. 삼각 지붕의 꼭대기에는 제복 모자를 쓴 옆모습이 그려진 은단 간판이 자리 잡고 있다. 좌우 양쪽으로 눈부시게 아름다운 유미 가오루의 소용돌이 모기향과 활짝 웃고 있는 미즈하라 히로시의 강력 살충제 광고 하이어스가 있다. 중간에 다카라 맥주, 하우스 카레, 가정용 에프킬라 긴초르, 오타후쿠와타〔1840년 창업한 솜 회사〕, 유센 전기 램프, 미네시게 착화제, 이카리 소스, 산요 타이어 등이 빼곡하다. 가미노모토〔일본의 두발 관리 브랜드〕는 우측에서 좌측으로 적혀있다, 네모, 동그라미, 가로로 길기도 하고, 세로로 길기도 하며 크고 작은 모양의 빈틈없는 배치는 계획적이다.

법랑 간판은 금속판에 유리질을 입힌 것이어서 야외에서도 색이 거의 바래지 않아 오래도록 아름다움을 유지한다. 레트로 붐과 함께 열광적인 마니아층까지 생겼다. 나 역시 좋아하는 편이라, 30년 전 처음 이곳에 왔을 때는 무려 15분 동안 움직이지 못한 채 바라보았던 기억이 있다.

그뿐만이 아니었다. 한 걸음 들어선 가게 안 역시 본탄 아메〔100년도 넘은 전통 사탕〕, 메트로 램프〔메트로 전기 공업 주식회사가 1913년 창업 초기에 제조 판매하고 있던 백열전구의 상표〕, 내셔널 모터, 세카이초 지카다비〔'일본이 세계의 장이 된다'는 뜻의 작업화 이름을 딴 사케 브랜드〕, 허머 자전거, 에스비 카레, 파인 미싱, 비둘기표 고무 비옷, 하치 부도슈〔벌집 포도주〕, 쓰바메 슈즈〔일본 프로 야구팀 히로시마 도요 카프와 콜라보한 신발〕, 후쿠스케 다비〔일본식 버선, 양말 브랜드〕, 로토 안약, 오타 위산〔1879 년에 발매된 일본의 위장약〕, 가메야마 양초, 가쿠이 솜.... 벽이라 할 만한 곳은 지금 생각하면 그리운 상품 간판이나 폐선 전차의 역 표시판으로 가득 차 있었고, 찰리 파커, 텔로니어스 멍크가 연주하는 흑백 무대 사진이 특별히 액자에 걸려 있었다.

또 그뿐만이 아니었다. 괘종시계, 램프, 금고, 금전등록기, 나무 방망이 등 쇼와 40년(1965) 경을 기점으로 어느새 사라진 것들이 매장 곳곳을 채우고 있다. 예를 들어 괘종시계만 해도 열 개가 넘는다. 2층 다다미방 선반을 한 바퀴 돌아 늘어선 진공관 라디오, 브라운관 텔레비전도 대단하다. 쇼와 시대 물건으로 가득한 이곳은 도대체 무슨 가게인가.

그 후에도 나는 몇 번이고 이곳을 찾았고, 오늘은 몇 년 만의 방문이었는데, 들어서자마자 대형 주크박스가 놓여있고 진짜 빨간 우체통이 서 있으며 통나무 전봇대 가로등이 비춘다. 이건 예전엔 없었다. "2년 전에 리모델링했어요" 라고 말하는 이는 가게 2대째 주인 마쓰모토 소조 씨(45세)다. 오이타 공습에도 살아남은 전쟁 전 집을 아버지 미쓰오 씨가 이자카야로 바꿔 2층 좌석이 생길 만큼 커졌지만 2년 전 구마모토·오이타 지진으로 중심 기둥이 들떠 위험하기 때문에 카운터, 기둥, 벽은 옛날 그대로 남기고 방은 모두 의자로 바꿨다.

법랑 간판은 2층으로 가는 계단 주변을 사용해도 다 장식하지 못해, 1층 안쪽에

미쓰오 씨의 컬렉션이 현관부터 공간이 모자랄 정도로 진열된 모습은 마치 박물관 같다.

유리문 너머로 담을 세워 빼곡히 붙였다. 오래된 전자제품이 늘어서 있던 다다미방은 다 없앴다. 새 단장을 마치고 깔끔하게 정돈된 매장 안은 오히려 오래된 것들이 돋보이며 모던한 박물관처럼 되었다.

재즈에 매료된 소년이 특별한 이자카야를 만들기까지

「고쓰고쓰안」의 개점은 쇼와 46년(1971). 나는 자주 들르면서 콧수염을 살짝 기르고 미소를 잃지 않으며 재즈를 흥얼거리던 창업자 겸 초대 주인 마쓰모토 미쓰오 씨의 인품에 반해, 전쟁 후 오이타의 재즈 문화와 마쓰모토 씨를 교차시켜 소설 『이자카야 갈매기의 노래』 1장에 썼다.

마쓰모토 씨 부분의 줄거리는 이렇다.

〈쇼와 12년(1937), 벳푸에서 태어난 마쓰모토 씨는 초등학교 2학년 때 종전이 되어 진주군이 왔다. 집 바로 근처 카페에는 아침부터 저녁까지 미국 젊은 병사들이 와서 술을 마시고 레코드를 틀었고, 그 음악에 매료되어 항상 가게 밖에서 서서 듣고 영어 가사도 외웠다. 공업고등학교 전기과를 졸업하고 기타큐슈에 개국한 텔레비전 방송국의 전기 기사로 일했지만, 재즈맨에 대한 꿈을 버리기 어려워 특기인 기타를 들고 전향해 고쿠라의 카바레에서 밴드 보이로 일했다. 마이크나 앰프 상태가 나쁠 때는 전기과 출신인 그가 손쉽게 수리했다. 당시 반짝이는 악기는 동경의 대상이었고, 전당포에 있는 프랑스제 셀마 알토 색소폰을 매일 바라보곤 했다.

그러나 꿈이 무너져 고향으로 돌아가 전기 가게를 다시 열었다. 사람을 쓸 정도로 성장했지만, 컬러 텔레비전 보급으로 가전의 주력 상품도 당분간 없을 것 같아 이자카야를 시작했다. 골동품 수집은 전기 가게를 돌며 오래된 가전제품을 받는 것에서 시작해서 옛날 돈, 레코드, 가전제품, 법랑 간판 등으로 확대되었고, 스테레오나 세탁기 같은 큰 물건은 창고를 빌려 보관할 정도가 되었다.〉

소설은 그 후 수십 년 동안 동경하던 셀마 알토 색소폰을 새것으로 손에 넣는 장면에서 끝을 맺었다.

장남 소조 씨는 어릴 적 자주 아버지를 따라 시골길을 차로 달리며 폐품 수거로 나온 물건을 가지러 다녔고, 시전철 폐선 소식을 듣자마자 역 간판을 받으러 갔다. 돌아오는 길에 아버지는 기뻐 보였지만, 자신은 그 행동의 의미를 몰랐으며 어머니로부터는 "이런 쓰레기는 몰래 버려라"고 몇 번이나 들었다고 한다.

입구에 새로 놓인 주크박스는 아버지가 50여 년 전에 사 두었던 것을 가게 개장을 계기로 도쿄의 업자에게 수리 맡긴 것이며, 소리를 내게 되어 가게에 두자 아버지가 매우 기뻐했다고 한다. 예전엔 열리지도 않던 주크박스가 수리되어 돌아왔을 때, 그 안에는 음악을 틀려고 넣어두었던 작은 동전이 그대로 남아 있어 마음이 뭉클했다는 이야기가 좋았다. 소조 씨는 개점 당시에는 가게에 엔카를 틀었지만, 유선 방송이 가능해진 후로는 재즈만 틀었다. 집에 레코드는 산더미처럼 쌓여 있었고, 자주 재즈 밴드를 불러 2층 다다미방에서 연주하게 했다고 한다. 재즈를 좋아하는 건 타고난 취향이다.

층계참에 선반을 따라 늘어선 것은 라벨도 완전히 퇴색한 오래된 소주 1.8리터 잇쇼빙(一升瓶) 병들이다. 소조 씨는 개점했지만 벽이 휑해 보여 지역 특산 소주 잇쇼빙 병을 사서 장식했다. 예전에는 제조 연월일 표시 제도가 없어 몇 년이 지나면 더 이상 언제 것인지 알 수 없다. 나는 예전에 손님에게 내놓을 수 없게 된 그런 병 몇 개를 받은 적이 있는데, 상표도 잘 알 수 없고 아마 50년은 넘었을 것이라는 술을 두려움 반 기대 반으로 마셔 보니, 깊은 단맛이 숙성된 실로 훌륭한 빈티지 고주(古酒)가 되어 있어 경악했다.

초등학생 시절 재즈에 매료된 초대 마쓰모토 미쓰오 씨의 기타가 벽에 걸려 있다.

2대째 마쓰모토 소조 씨. 카운터, 기둥, 벽은 아주 오래전 그대로이다.

어디까지나 손님을 소중히 여기는 가게를 사랑하지 않을 수 없다

자, 한 잔 하자.

들어서자마자 오른쪽 길에 면한 방과 정면 안쪽의 넓은 방을 가늘게 잇는 왼편이 개점 때부터 변함없는 카운터 자리인데 소주 선반을 등진 폭 25센티미터 정도의 좁은 카운터 네 자리 중 하나가 나의 단골 자리다. 미쓰오 씨는 맞은편에서 닭꼬치를 뒤집으며 접객하고 있고 왼편 안쪽이 부엌이다. 개점했을 때는 어머니가 만들던 〈다고지루〉와 〈닭꼬치〉밖에 내놓지 못했다고 한다. 가게 이름은 히타의 민요 「고쓰고쓰부시」에서 따온 것이라고 하니 음악을 좋아하는 사람답다. 가사는 정말 멋스럽다.

달님조차도 밤에 노는(산야리 고쓰고쓰)
나이는 어리고 13살, 7살(핫)
그만둬라 구름은 숨었다(하 고쓰고쓰)

캬아... 녹색의 가보스를 짜넣고, 얼음을 손가락으로 돌려 마시는 보리 소주가 참 맛있다.

첫 번째로 주문하는 것은 회를 흰 깨가 들어간 간장 소스에 담근 〈류큐〉다. 하카타의 고마사바와 비슷하지만, 이름인 '류큐(琉球)'는 오키나와의 류큐 왕국과는 아무 관련이 없다. 이는 미쓰오 씨가 메뉴에 표기하기 위해 임의로 붙인 한자로, 남은 회를 맛있게 활용하던 오이타 지역의 소박한 가정요리에서 비롯되었다. 생선은 무엇이든 가능하며, 어른들은 술안주로, 아이들은 밥에 얹어 먹는다.

〈기라스마메시〉는 '기라스(비지)'와 '마메시(섞은 밥)'를 합친 말로, 비지를 밥에 섞어 먹는 향토 음식이다.

〈다고지루〉는 밀가루 반죽을 떠 모양으로 늘려 야채와 버섯을 넣어 끓인 국으로, 고기나 생선은 사용하지 않는다. 처음 방문했을 때 "꼭 드셔보라"는 권유로 맛본 이후, 옅은 된장 맛과 우엉 향, 쫄깃한 식감에 매료되어 빼놓을 수 없는 메뉴가 되었다.

이 밖에도 밀가루 반죽에 콩가루와 설탕을 뿌려 먹는 〈야세우마〉, 삶은 면을 다시마·표고버섯·멸치로 우린 국물과 가보스즙에 찍어 먹는 〈호쵸〉, 자라를 구워 내는 〈야키 슷폰〉 등, 오이타의 향토 요리는 독특한 것이 많다..

고령이 된 미쓰오 씨는 건강이 악화되어 소조 씨가 이어받은 지 12년이 지났다. 그때 내가 찾아가니 미쓰오 씨가 일부러 오셨기에 "알토 색소폰 하세요?"라고 묻자 "아니요"라며 머리를 긁적이며 웃는 얼굴을 잊을 수 없다. 85세가 된 지금은 요양원에서 외출하는 일은 없다고 한다.

아버님의 근황을 묻는 내게 소조 씨는 잠시 침묵한 뒤 입을 열었다.

헤이세이 22년(2010), 32살에 아버지의 뒤를 이었을 때 베테랑 요리사, 직원들은 물론 어머니까지 모두 연상이었고 자신을 지켜보는 압박감이 상당했다. 아버지는 손님 제일주의로 〈류큐〉를 찾아오는 손님을 실망시키고 싶지 않아, 고급 세키사바〔참고등어〕·세키아지〔오이타현의 사가세키 앞바다에서 어획되는 전갱이〕를 절대 품절되지 않도록 대량으로 구입했고, 남은 것은 매일 집에 가져갔다. 얼마나 많이 사들였는지 세키사바만 아니었어도 빌딩이 생겼을거라고 놀림을 받았다고 한다. 회를 다 먹은 손님에게 생선 맛이 배인 소스를 흰밥에 뿌려 내며 "맛있지 않나요?"라고 강요해(웃음), "네"라고 대답하게 했다. 소조 씨가 연중무휴를 중단하고 정기휴무를 잡겠다고 하자 아버지는 강력히 반대했다. 만약 쉬는 날 손님이 와서 그냥 돌아가면 손님에게 미안하다면서 밖에 서 계시는 모습을 보고 이 정도로 손님을 소중히 여기는구나 생각했다고 한다.

오이타 명물 〈류큐〉와 보리 소주, 가보스〔일본 오이타 현에서 주로 재배되는 감귤류로, 상큼한 산미와 은은한 향이 특징이다. 유자보다 향이 가볍고 즙이 많아 생선회나 소주에 곁들이는 향신 과일로 널리 쓰인다. 오이타 현의 향토성 재료로 유명하다〕.

2층은 다다미방이었지만 오이타 지진의 영향으로 중심 기둥이 들떠버려 의자로 바꿨다.

코로나 사태를 겪은 요즘 옛 손님들이 다시 찾아오기 시작했고 아버지가 계속해 온 일의 의미를 비로소 깨달았다. 손님을 소중히 여기며 미소를 잃지 않고, 손님에게 놀림을 받으면 얼버무리는 듯 꼬치구이를 뒤집어 웃음을 자아내던 아버지를 항상 곁에서 지켜봤지만, 손님의 존재가 있었기에 가능했던 일이었다. 재즈 연주자 사카타 아키라 씨를 닮은 애교 넘치는 미소의 일러스트는 젓가락 봉투나 코스터에 남아 있다.

미쓰오 씨가 오래된 물건을 모은 것은 시간이 흐른 것을 존중하며 남겨야 한다는 사명감 때문이었다고 생각한다. 이 가게야말로 바로 그런 곳이 되었다. 이것이 바로 문화유산이다.

나는 자리에서 일어나 주크박스로 향했다. 지금은 돈을 넣지 않아도 재생되도록 되어 있고, 수많은 곡목은 재즈가 많으며 레코드는 미쓰오 씨의 컬렉션일 것이다. 미소라 히바리의 「흐르는 강물처럼」, 마메치요의 「고쓰고쓰부시」도 있다.

그래, 이걸로 하자. 맹인 흑인 가수 레이 찰스의 열창 「I can't stop loving you」를 선 채로 가만히 귀 기울여 들었다.

미쓰오 씨가 현역 시절 "방문하신 추억을 남겨주세요"라며 방문객에게 써 달라고 했던 「낙서장」은 약 400권에 이르렀다. 그중 151호를 펼쳤다.

〈히로시마에서 여동생이 왔습니다. 입원 중인 남편의 문병을 와주었습니다. 남편의 권유로 고쓰고쓰안에 왔는데, 일러스트와 똑같은 얼굴의 주인이 계셨고, 정어리 초밥과 세키사바 초밥도 매우 맛있었으며,

岩里
産婦人科
別府市北浜
別府タワー横
TEL.879
ロート目薬
戸締りご用心
火の元ご注意
吉村耳鼻咽喉科
キセキ
籾摺機
三菱ミシン
大分市西新町
古川商会
胃病薬
太田胃散
便利
徳用
味の素
カメヤマ
カクイわた
安全
交通
広瀬整形
焼酎は
ちごさくら
ツバメ自転車
大久保医院
トーヨー地下たび
西大分
王子
神田乾電池
アイコグラ
価格改定のお知らせ
ご自由にお持ちください。

다고지루도 상당히 맛있었습니다. 냅킨의 귀여운 일러스트에 끌려 조금 가져갑니다, 죄송합니다. 대신 히로시마에 돌아가서 여동생이 고쓰고쓰안에 대해 많이 이야기해 줄 거라 생각합니다. 잘 먹었습니다.〉

〈가나자와에서 신혼여행으로 왔어요♡ "아, 세키사바 먹고 싶다…"는 시아버지 대신 먹으러 왔는데, '정말 맛있어요!' 이 한마디를 남겨요. 시아버지(도야마에 거주하십니다)께 이 가게를 소개해 둘게요. 돌아가면 사진 보여주고 자랑할 거예요. 이제 그의 고향 가고시마로 향합니다.〉

〈헤이세이 12년(2000) 6월 12일 제62대 요코즈나, 오노쿠니(小錦剛), 시바타야마 야스시(芝田山康)〉

〈1999년 2월 11일에 저희 부모님이 이곳에 들러서 아주 맛있고 분위기 좋은 가게(고쓰고쓰안)에 갔다는 이야기를 들었기에, 오이타에 오면 꼭 가려고 생각했습니다. 저는 오이타 사람과 결혼해서 지금 미에에 살고 있습니다. 오늘은 그의 본가에 갑니다. 어머니가 말씀하신 대로 맛있고 따뜻한 가게였습니다. 조금 전에는 일부러 어머니가 쓴 낙서장을 찾아주셔서 감사했습니다. 오이타에 올 때마다 여기 올게요. 가족 모두 이 가게의 팬이 되었습니다.〉

주소와 실명까지 적어놓는 걸 보면 모두 솔직한 마음의 표현이다. 보물이 가득한 이 가게에서 가장 귀한 유산이 바로 이것일 것이다.

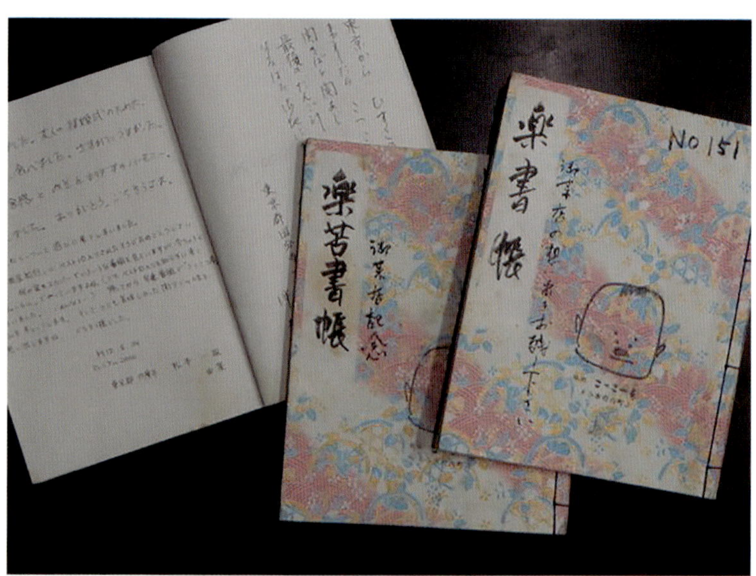

약 400호까지 이어진 「낙서장」은 찾아온 손님들의 역사.

OUTLINE
점포개요

FOUNDED | 창업

쇼와 46년(1971) 창업. 초기에는 1층이 차고인 단독주택에서 영업을 시작했으며, 차고 부분과 2층을 개축하여 현재의 목조 2층 건물로 변모했다. 과거에는 카운터 앞에 닭꼬치를 굽는 야키바가 있었고, 초대 마쓰모토 미쓰오 씨가 야키모노〔구이〕를 담당했다.

HISTORY | 역사

가게에 줄지어 진열된 라디오, 텔레비전 등의 물건들은 초대 미쓰오 씨가 각지에서 모아온 컬렉션이다. 2대째인 소조 씨는 어릴 적 아버지와 함께 차로 폐품 수거를 했다고 한다.

CUSTOMER | 고객층

주로 관공서에 근무하는 분들이 중심이다. 지역 식재료를 사용한 「류큐」, 「기라스마메시」, 「도리텐〔오이타 현의 향토 요리. 가라아게와의 차이는 가라아게가 녹말이나 밀가루로 튀김옷을 입히는 반면, 도리텐은 계란과 밀가루를 사용한 튀김옷을 사용한다〕」, 「세키아지·세키사바 회」 등의 향토 요리를 내놓기 시작하면서 점차 관광객의 방문이 늘어났다.

FILE

창업	쇼와 46(1971)년
지역	오이타 현 오이타 시
창업 시 형태	이자카야
구조	목조 2층 건물
점주	마쓰모토 소조(2대째)

많은 분들로부터 사랑받았던
미쓰오 씨와 그 가족.

주택을 개축한 2층의 넓은 좌석

2층에는 칸막이로 구분된 큰 마루 좌식 공간이 여러 개 마련되어 있다.

좌석 손님을 지켜보는 약품 간판.

2층에는 크기가 다른 네 개의 방이 있다.

2층으로 올라가는 계단 주변에도 상품 간판이 빼곡히 붙어 있다.

미쓰오 씨의 캐리커처는 지금도 트레이드마크

젓가락 받침에도 사용되는 트레이드마크 일러스트는 미쓰오 씨의 캐리커처.

젓가락 봉투와 코스터에도 미쓰오 씨의 친근한 캐리커처가 있다.

기본적인 감색 바탕에 흰색으로 가게 이름이 들어간 포렴.

추억의 간판과 아이템 사이에 미쓰오 씨 일러스트의 포렴도 걸려 있다.

DATA **고쓰고쓰안**	오이타현 오이타시 후나이마치 3-8-19 / 097-537-8888 / 11:30~14:30, 17:00~22:30, 일요일 정기휴무 (연휴 마지막 날은 휴무)

고쓰고쓰안 뮤지엄

마쓰모토 미쓰오 씨의 방대한 컬렉션은 바로 쇼와 문화의 박물관이다. 잔을 손에 들고 천천히 둘러보면 참을 수 없는 향수가 밀려온다.

구니사키 시 세무소의 법랑 간판.

예전에 오이타로 다니던 버스 정류장 간판.

배우 미나미 도시아키 씨의 환한 미소가 눈부신 탄산음료 간판.

어스 제약 간판이 남자 화장실에 장식되어 있다.

선반을 한 바퀴 도는 오래된 진공관 라디오, 괘종시계, 소주병. 이렇게 해도 아직 다 담지 못했다.

郷土料理
こつこつ庵
大分の本格焼酎

タカラビール
帝國
天下無双
甚
醤油
専売公社前
強力殺虫剤
ハイアース
大分名菓
山弥饅頭
ウヰスキー
生きた味
アサヒビール
衣料品なら
キンヨー
三光丸
たばこ
城屋のかすてら饅頭
イカリソース
ダルマ焼酎
サンヨータイヤ
日本一の
おたふくわた
初日
豊後方言名菓
お持帰り出来ます。

泡盛 古酒と琉球料理・うりずん
泡盛 古酒と琉球料理・うりずん
IC CARD

うりずん
우리즌

숙성하는 가게와 술

오키나와현 나하시

국제거리를 지나 골목 끝에 다다르면
2층 목조 이자카야가 모습을 드러낸다.
종전 기념일에 문을 연 이곳은
지금도 현지인과 오키나와를 사랑하는
이들의 아지트다.
오키나와의 붉은 흙을
그대로 품은 투박한 인테리어
숙성 아와모리와 향토 요리
오키나와 술집답게 창문을 활짝 열면
술기운을 씻어내는 상쾌한 바람이
불어온다.

호쾌하고 너그러운, 오키나와다운 술집

나하시. 거대한 시사〔악귀를 물리치고 액운을 막는 의미를 지니고 있으며, 지붕 위에 설치되는 경우가 많다. 단순한 장식물이 아닌, 오키나와 사람들의 신앙과 문화가 담긴 중요한 문화〕가 2층에 늘어서 있는 오키나와 정부 청사 앞에서 동쪽으로 뻗은 국제거리가 끝나고, 머리 위 모노레일 「유이 레일」이 급커브를 도는 아사토역 근처의 도로 옆 사카에마치 시장의 좁은 골목에 2층 목조 이자카야 「우리즌」이 있다.

목조에 상당히 바랜 흰 페인트칠이 되어 있고, 1층 기와 지붕에는 풀이 자라고 있다. 작은 포렴에는 가느다란 주둥이의 아와모리 술주전자 「가라카라」 세 개를 원 안에 새긴 도안이 있다. 현관문은 항상 반쯤 열려 있고, 오키나와 특유의 2층 창문의 가는 격자는 바람을 들이는 구조다.

지붕 위의 거대한 시사는 누군가에게 도둑맞은 적이 있지만, 조용히 돌아와 있었다.

가게 이름 「우리즌」은 「우루오이즈메」가 어원이다. 습도가 높아져 나무들의 녹색이 짙어지는 오키나와의 3, 4월경 기후를 나타내는 말이다.

안은 그다지 넓지 않다. 앞쪽에는 테이블 세 개가 놓여 있고, 안쪽에는 구석에 놓인 커다란 아와모리 항아리를 둘러싼 L자 카운터가 자리하고 있다. 오른쪽 벽은 종이로 봉인된 아와모리 고슈〔3년 이상 숙성시킨 아와모리〕의 작은 항아리들이 바닥부터 천장까지 여러 겹으로 늘어서 있고 구석의 요리 내주는 입구 너머는 조리장이다.

창업한 고(故) 쓰치야 사네유키는 원래 여관이었던 2층 집의 개조를 도예가 시마 다케미에게 의뢰했다. 시마는 비용을 절감하려는 의도도 있어 재료비가 들지 않는 오키나와 적토를 운반해 시멘트를 섞고 도자기 파편을 반죽해 거친 벽을 손으로 칠했다. 그러나 판자 벽이 더 저렴하다는 사실을 알게 되어 이쪽은 판자 벽으로 하고, 기초는 불규칙하게 쌓은 벽돌 쌓기로 했다. 자연 그대로의 형태로 만든 15cm나 두꺼운 카운터는 류큐 소나무로 만들었다. 전쟁 전 오키나와 도로에 소나무를 심은 「슈쿠미치〔도로변경관 조성 사업〕」에 소나무를 제공한 임업자의 이름을 따 「사이온마쓰」라 불린 귀한 재목이다. 쓰치야는 「이건 사이온마쓰야」라며 자랑하곤 했다.

또한 시마 씨는 도예가답게 독자적인 대형 시사를 만들어 현관 위에 놓았다. 그것이 어느 날 밤 도난당했지만 며칠 후 원래대로 돌려져 있었다는 것을 보면 오키나와 특유의 너그러움 때문인지 모르겠다.

가게 이름은 자주 다니며 영향을 받았던 이자카야 「민예주점 오모로」 주인 아라가키 세이치에게 부탁해 고등학교 미술

틀튼한 테이블 3개와 카운터. 오른쪽은 2층으로 올라가는 계단.

교사 스에요시 안큐가 유려한 필치로 써 주었다.

모든 준비를 마친 뒤, 미국으로부터 오키나와가 반환된 복귀의 해, 쇼와 47년(1972) 8월 15일에 개점했다. 하루에 고작 7, 8명의 손님을 가정용 테이블과 재봉틀 의자로 맞았지만, 오랜 세월 근처 고쿠바 강에 떠다니는 재목을 눈여겨보고 새 테이블을 만들기로 했다. 그러나 매우 무겁고 단단해 제재소에서 여러 번 톱날이 부러져(톱날 한 개에 2~30만엔 정도 한다고) 거절당했고, 여러 업자를 찾아다닌 끝에 간신히 제작해 테이블 17개와 통나무 의자를 만들었다.

그렇게 만들어진 투박한 가게 내부는 50년이 넘도록 꾸준히 찾아온 손님들이 더해준 윤기를 알전구가 비추고 있고, 거친 느낌이 세월을 거쳐 따뜻한 인간미로 변한 듯한 아늑함이 깃들어 언제까지나 앉아 있고 싶어진다. 카운터 위에 장식처럼 놓인 겟토 잎 말이는 향이 독특한 아열대 식물 겟토 잎으로 떡을 싸 쪄낸 오키나와의 전통 음식 〈무치〉로, 가족의 건강을 빌며 음력 12월 8일에 먹고 경사에도 쓰인다.

그 카운터 정면 흙벽에 헤이세이 27년(2015)에 73세로 세상을 떠난 쓰치야 사네유키의 초상화가 새롭게 추가되었다. 작가는 쓰치야의 중학교 동창이자 고등학교 미술 교사인 토마 스에코 씨로, 쓰치야의 부고를 듣자마자 부탁받지도 않았는데 그려서 가져왔다.

그 그림의 훌륭함이라니! 나는 처음 봤을 때 사진인가 싶을 정도였다. 붓 터치를 남기지 않고 생생한 묘사에 충실한 작품은 인품을 잘 전하며, 과장일지도 모르지만 렘브란트를 떠올리게 하고, 아무리 봐도 질리지 않는다. 이토록 추앙받았던 쓰치야 사네유키는 어떤 사람이었을까.

초대 쓰치야 사네유키 씨의 초상화.

오키나와 팬들에게 지지받는 가게로

가게가 자리한 사카에마치는 여관 거리로 전후에는 유곽이었다. 「우리즌」 건물도 여관이었는데 1층은 가게, 2층은 세 개의 방으로 된 다다미 방으로 개조했다. 2층 도코노마에 놓인 오래된 산신〔오키나와 전통 현악기〕과 아와모리 항아리는 품격을 더해주며, 오키나와답게 창문을 활짝 열고 많은 사람이 함께 마시기에는 정말 쾌적하다. 이후 맞은편 나루미 여관을 별관으로 개조해 1층은 현대식 테이블 석, 운치 있는 계단을 올라간 2층은 단체 손님도 받을 수 있는 큰 연회 공간으로 만들었다. 본관과 맞은편 별관 사이 빈터에는 긴 의자가 놓여 있어 해가 늦게 지는 오키나와의 저녁 무렵, 술을 깨러 나와 저녁 바람을 쐬는 해방감이 좋다.

이 거리는 과거 전쟁시 히메유리 부대〔태평양전쟁 말기 오키나와 전에서 오키나와 사범학교 여자부와 오키나와현립 제1고등여학교 학생들로 조직된 임시 간호사 부대. 1945년 3월 말에 동원되어, 미군의 침공으로 남부로 피신한 가운데, 군 병원에서의 가혹한 간호로 학생과 인솔 교사가 희생된 비극적인 역사는 평화 교육의 소재가 되고 있다〕로 알려진 제1고등여학교 정문으로 이어지는 길로, 이런 곳에 유곽이 있었을까 싶지만 그것은 전후의 이야기다. 지금은 「히메유리 거리」라는 이름이 붙어 있다. 전후, 이 자리에 생긴 「사카에마치 시장」은 관광객도 많은 「마키시 공설 시장」만큼 크지는 않지만 시민 생활 시장으로 뭐든지 저렴하고 "이멘쉐베리(어서 오세요)"라고 부담 없이 말을 걸어주고 선술집도 여러 군데 있어 마치 오키나와 현지인이 된듯한 정취를 한껏 느낄 수 있다.

사네유키 씨는 조리는 아내 게이코 씨와 그 여동생 유리코 씨에게 맡기고 자신은 오로지 손님 응대에만 전념했다. 이야기를 잘 들어주고 사람을 좋아하는 성격 덕분에 점차 현지 교사나 신문 방송 관계자, 일본전신전화주식회사(NTT), 현의회 의원 등이 친구들과 함께 찾아오게 되었다.

오키나와 현 내 대부분의 양조장에서 생산되는 아와모리를 취급하고 있다.

10년쯤 지나자, 오키나와를 찾은 야마톤츄(본토인)를 우치난츄(오키나와 현지인)가 '여기가 오키나와다운 가게'라며 데려오게 되었고, 다카하시 오사무(소설가), 오시마 나기사(영화감독), 최양일(영화감독), 야마자키 쓰토무(배우), 하마 미에(배우), 오자키 기요히코(가수) 등 유명인 팬을 양산했다. 헤이세이 24년(2012), 개점 40주년 축하 현판에는 시나 마코토(작가), 이케자와 나쓰키(소설가), 아라시야마 고자부로(작가), 나카오 아키라(배우)·이케나미 시노(배우) 부부 등이 메시지를 보내왔고 내 것도 있다. 이렇게 많은 축하 메시지는 사네유키 씨가 늘 말하던 오키나와 말「이차리바초데」(한 번 만나면 형제)와 같은 표현일 것이다.

사진가 타루미 켄고, 흔히 '타루켄'이라고 불리는 그는 나와 같은 산 깊은 신슈 출신이지만 오키나와를 좋아해 정착하게 되었고, 트랜스오션 항공(예전의 난세이 항공, 난 이 이름이 더 좋다) 기내지 등 오키나와 사진이라면 뭐든 맡겨도 되는 실력자다. 내가 오키나와에 오면 어디서 들었는지 어느새 옆에 있다. 오늘도 와서 "지금 바빠서 말이야~"하며 사라졌는데, 바쁜 와중에도 와준 것이 고맙고 웃음만 나온다. 2007년 도쿄 도심에 새로 지은 신마루노우치 빌딩 5층에 「도쿄 우리즌」을 개점한 첫날에도 오키나와에서 와서 "하이사이〔오키나와 방언. 남성이 사용하는 인사〕, 가즈 씨, 츄우가나비라〔오키나와 방언. 안녕하세요〕"라며 맞아줬다. 같은 사진작가 요시미 마키코 씨도 우리즌의 열렬한 팬이자 보좌역으로 우리 취재를 지원해 주거나 함께 술도 마셔 주며 역시 항상 함께하는 친구다. 혼술을 좋아하는 나로서는 이자카야

카운터 안쪽에 자리 잡은 아와모리 대형 항아리가 바로 주인공이다.

에서 누군가와 친해지는 일이 거의 없는데, 이상하게도 우리즌에서는 늘 반대의 일이 일어난다.

각자의 소원과 마음을
오키나와 아와모리에 담다

이렇게 「우리즌」은 오키나와 팬들의 거점인 이자카야가 되었지만 사네유키 씨의 더 큰 공적은 전후 붕괴 상태였던 오키나와 아와모리문화를 되살린 일이다.

도요대 법학부에서의 고학 생활을 마치고 돌아온 전후 나하의 술집에는 위스키만 줄지어 있었고 아와모리는 거들떠보지도 않았다. 저런 싸구려 술은 남에게 내놓을 수 없다며 멸시받던 때였다.

그러나 사네유키 씨는 「민예주점 오모로」 등에서 아와모리를 알게 되었고, 섬의 술에 자부심을 지키고 싶어 본섬과 도서 지역에 있던 57곳의 모든 양조장의 아와모리를 모으기 시작했다. 게다가 아와모리는 몇 년간 숙성시켜 맛을 더해가는 술로 예

전에는 슈리성〔과거 류큐 왕국의 왕궁〕에 200~300년 숙성된 고주가 있었지만, 전쟁 중 미군의 폭격으로 대부분이 사라졌다는 사실도 알게 되었다. 이에 그는 평화를 염원하며 고주를 부활시키는 「아와모리 고주 백년 운동」을 시작했다.

헤이세이 9년(1997) 「아와모리 백년 고주 원년」 발대식을 열고, 회원들이 낸 회비로 마련한 아와모리 1.8리터 병, 1,500개 분량을 약 540리터들이 미쓰가메고혼 항아리 5개에 나누어 담아, 100년 동안 숙성시키는 프로젝트를 시작했다. 이 항아리는 쓰치야 씨가 예전에 백년 고주를 만들 때 사용했던 것이다. 마개를 여는 날은 2097년으로 회원 본인은 이미 마실 수 없지만 자녀나 지인에게 회원증을 넘겨줄 수 있다. "아와모리를 100년 숙성시킨다는 것은, 그 동안 오키나와가 평화롭다는 뜻이다." 이 말에 모든 뜻이 담겨 있었다.

100년까지는 아니더라도, 스스로 10년, 15년 동안 숙성시켜 즐기는 것이 아와모리를 마시는 기본적인 방법이며 아이가 태어나면 항아리에 담아서 결혼식에 여는 것도 관례다. 마시다 남기고 죽으면 자식이나 친구가 이어 마셔준다.

자신의 인생과 함께 나이를 먹고, 숙성되어 가는 술. 이 얼마나 멋진 문화인가. 그야말로 평생의 반려자가 아닐까. 그것을 한 사람 한 사람이 실천하고 있다. 이런 문화가 세상에 또 있을까. 「우리즌」의 메뉴판에는 〈아와모리는 세계에 자랑할 오키나와의 문화〉라는 제목으로 다음 글이 적혀 있다.

「아와모리는 쌀과 누룩균만으로 만들어진 증류주입니다. 그 탄생은 15세기. 당

2대 쓰치야 도오루 씨. 언제나 초대 주인의 초상화가 가게를 지켜보고 있다.

시 광범위하게 교역을 하던 중국을 비롯한 동남아시아 국가들의 증류주 제조 기술이 류큐 왕국에 전해졌습니다. 특징은 완성된 술을 숙성시켜 풍미가 깊어지고 부드러운 향의 순한 술이 된다는 점입니다……」

가게에서는 8년, 12년, 20년 숙성된 고주(古酒)를 즐길 수 있다. 예전에 단골 손님에게 들었다.

"오키나와 사람들은 누구나 자기 집 고주가 제일 맛있다고 확신하지만, 그 얘기는 남에게 절대 하지 않지."

"자랑 안 해요?"

"...자랑하면 '그럼 한잔 마셔보자'가 되고, 술이 줄어들잖아."

"하하하하, 인색하네요."

그렇게 크게 웃는 모습이 어딘가 쑥스러워 보이면서도, "그래도 사실이잖아?" 하는 표정이 인상적이었다. 그래서 오키나와 사람들은 자랑하고 싶지만 자랑하지 않는 것이다. 실제로는 마신 만큼 보충해서 언제까지나 즐긴다. 함께 살아간다는 느낌이 참 좋다. 그 20년 묵힌 고주의 맛은「지금껏 살아온 내 인생을 긍정해주는 맛」이라고만 써두고 싶다.

자, 이제 요리다. 6단 접이식 세로형 메뉴판에 실린 오키나와 요리 41종은 설명, 사진(촬영 다루미 씨), 편집 디자인, 모든 면에서 일본 최고라고 말하고 싶을 정도의 완성도를 지녀서 한 부 받은 나는 집에서 한가할 때면 보고 있을 정도다.

〈스치키〔소금에 절인 돼지고기〕〉, 〈나카미 이리치〔돼지 곱창과 채소 볶음〕〉, 〈스쿠가라스 도후〔소금에 절인 치어를 얹은 전통 두부〕〉, 〈후치바 주시〔오키나와 쑥향의 다키코미고한〕〉, 〈나베란부시〔두부와 돼지고기를 된장으로 끓인 조림〕〉, 고야·두부·밀기울을 넣은 각종 찬푸루〔오키나와의 대표적인 가정 요리인 '볶음'의 총칭〕, 〈이카노 스미지루〔오징어 먹물 국〉〕, 〈미미가 사시미〔돼지 귀 무침〕〉까지, 오키나와 향토 요리는 가짓수가 끝이 없다.

가장 인기 있는 메뉴는 논에서 재배되는 토란의 일종인 탄무를 반죽해 돼지고기·어묵·표고버섯과 섞은 〈두루와카시〉다. 남은 것은 고로케처럼 튀겨 직원 식사로 내던 것이, 반응이 좋아 손님에게도 제공하게 된 〈두루텐〉으로 이어졌다. 나는 남부 지역 특산물인 〈시마랏쿄 절임과 라후테〔돼지 갈비 조림〕, 도후요〔발효 두부〕〉라는 세 가지 '보물'로 술자리를 시작해 이것저것을 더하고, 마지막에는 참치와 부추를 넣어 볶아낸 〈소멘 푸투루〉로 마무리한다.다.

오키나와 음식의 매력은 모든 지역산 재료를 구석구석까지 낭비 없이 활용해 각종 조리법으로 완성도를 높인 점이다.「오모테나시(대접한다)」는 외양만 번지르르한 말을 일축하는 향토 요리의 힘이라고 할 수 있겠다.

가게에는 붓으로 쓴「아와모리 백년 고주 원년(元年)」글자가 등에 새겨진 검정 티셔츠를 입은 젊은이들이 부지런히 일하고 있고 손님들 사이에는 연대감이 생긴다. 오늘도 오사카에서 왔다는 남자 대학생이 어느새 내가 앉은 테이블에 앉아 열변을 토했다. 오키나와 인기에 힘입어 국제거리에는 큰 가게들이 여러 군데 북적이지만 여기는「관광지」느낌은 전혀 없는 진짜 동네 술집이다.

개점 3년 차에 카운터 정면 모퉁이에 놓인 거대한 아와모리 항아리는 위엄을 더해 이 가게의 상징이 되었다. 사네유키 씨가 세상을 떠난 뒤 가게를 이어받은 도오루 씨는 아버지와 달리 수줍음이 많아 카운터에 서서 손님을 맞이하는 일은 거의 없었고, 손님들은 주로 이 큰 항아리를 마주하며 술을 마시는 모습이 되었다. 하지만 그것은 이곳에 잘 어울렸다. 가게 주인은 바로 이 큰 항아리인 셈이었다. 그 옆에서 사네유키 씨가 미소 지으며 가게 안을 바라보고 있다.

오키나와라는 땅의 너그러움을 접하며

내가 처음 오키나와에 온 것이 50년 전이었던가. 폐쇄적인 본토와는 다른 이런 멋진 땅이 일본에 있었나 하는 감동은 지금도 선명히 기억한다. 어떤 일로 힘들어도 "난쿠루나이사~"(걱정하지 마, 괜찮아, 괜찮아)로 넘기는 강인함. 한잔 마시면 "이차리바초데~(한 번 만나면 형제)" 하며 두 팔 벌려 가차시〔오키나와의 춤〕를 추는 따스함. 슬픈 곡조 속에서도 어딘가 밝고 강인함이 있고 따뜻함을 느끼게 하는 산신(전통 현악기)의 울림. 그 모든 것에 매료되었다.

일본이 시작한 무모한 대전에서 오키나와는 버려진 돌이 되어 큰 희생을 강요당했다. 그리고 지금도 본토 정부는 그 태도를 태연하게 계속하고 있다. 그러나 오키나와는 굳세게, 흔들림 없이 자기 길을 간다. 나는 오키나와에 오면 언제나 솔직한 나로 돌아간다. 오키나와는 내 마음의 가장 좋은 부분을 지켜주는 땅이다.

OUTLINE
점포개요

FOUNDED | 창업

쇼와 47년(1972)에 창업. 사카에마치 시장은 요정과 유곽이 많은 지역으로 우리즌의 건물도 원래 유곽이었다. 당시 오키나와의 이자카야에서는 아와모리를 취급하는 가게가 적었고 위스키가 전성기였다. 「마시면 안 되는 분위기였다」고 2대째 주인인 쓰치야 도오루 씨가 말했다.

HISTORY | 역사

인상 깊은 도기 조각이 섞인 붉은 흙벽은 도예가 시마 다케미 씨가, 간판 글씨는 고등학교 미술 교사이자 작가인 스에요시 안큐 씨가 일필휘지로 쓴 것으로, 역사가 깊을 뿐만 아니라 모두 매우 귀중한 자산이 되고 있다.

❶ 벽
도예가 시마 다케미 씨가 도자기 조각을 반죽해 손으로 칠한 벽.

❷ 카운터 천장
카운터 천장에는 곡선형 천장이 이중으로 설치되어 있다.

❸ 카운터
카운터에 사용된 목재는 류큐 소나무. 두께는 15cm이다.

❹ 의자
근처 강에 떠 있던 나무로 만든 통나무 의자.

❺ 테이블
통나무 의자와 같은 목재로 마감한 테이블.

❻ 메뉴판
메뉴에는 평소 익숙하지 않은 이름의 오키나와 요리가 많이 나열되어 있다.

❼ 기둥
통나무 기둥을 받치는 돌이 멋지다.

CUSTOMER | 고객층

출장으로 들르는 분들, 단골 손님이 대부분을 차지한다. 초대 쓰치야 사네유키 씨가 주도한 고주를 지키는 프로젝트「아와모리 백년 고주 원년」은 단골 손님들의 많은 지지를 얻어 현재 1만 구좌 이상을 모았다.

FILE

창업	쇼와 47(1972)년
지역	오키나와 현 나하 시
창업 시 형태	이자카야
구조	목조 2층 건물
점주	쓰치야 도오루(2대째)

다다미 방이 있는 2층은 훨씬 차분한 분위기

2층에는 다다미 방이 3개 있다. 산신과 아와모리 항아리 등이 오키나와 특유의 풍격을 더한다.

대연회장은 단체 손님도 수용 가능하다.

유곽의 흔적이 남아 있는 격자창 너머로 남국다운 늦은 석양을 즐길 수 있다.

오키나와의 전통 악기 산신과 본토 인형 고케시(일본 동북지방의 전통 목각인형으로, 일반적으로 구형의 머리와 원주의 몸통뿐인 단순한 형태의 인형)가 나란히 장식된 것은 오키나와에서는 드문 일이다.

초보자도 부담 없이 들어갈 수 있는 분위기의 별관

식물로 둘러싸인 지붕이 있는 입구. 문이 항상 열려 있는 것은 바람을 실내로 들이기 위함이다.

가게에 들어서면 오른쪽에 아와모리 병이 가로로 4단 줄지어 놓여 있다.

테이블 자리에는 흰 벽 칸막이가 있다.

2층에 있는 3개의 방 중 하나인 다다미방. 2층은 40명 이상을 수용할 수 있다.

DATA **우리즌**	오키나와현 나하시 아사토 388-5 / 098-885-2178 / 17:30~24:00, 연중무휴

우리즌의 메뉴

남쪽 군도인 오키나와는 땅의 재료를 본토와는 전혀 다른 발상으로 조리하여 세련미의 극치를 이루었다. 먹을수록 몸속 깊은 곳에서 활력이 솟아나 건강해지는 것은 본토의 허약한 갓포 요리를 비웃는 듯하다.

두루텐

스쿠가라스 도후

미미가 사시미

도후요

후 찬푸르(밀기울 볶음)

라후테

소멘 푸투루

아시데이비치〔돼지 족발을 간장 베이스로 푹 조린 오키나와의 전통 요리〕

うりずん

創業 1972年8月15日

うりずん定食 3,240円
ドゥル天 648円
ゴーヤーチャンプルー 648円
① ソーメンプットゥルー 540円
② ひらやーちー 540円
麩チャンプルー 540円

沖縄そば 540円
スーチキ 540円
豆腐よう 378円
ラフテー 864円
昆布イリチイ 540円

シャコ貝刺身 1,080円～2,160円
クブシミ刺身 864円～1,080円
島ダコ刺身 864円
① ミーバイ刺身 1,080円
② イラブチャー刺身 1,080円

① フーチバージューシー 324円
② ボロボロジューシー 540円
豆腐チャンプル 540円
① ナーベラーンブシー 540円
セーファン 540円
①ジーマーミ豆腐 540円 ②スヌイ 540円

①ゴーヤー漬物 756円 ②ゴーヤーチップス 540円
血イリチイ 540円
① 島らっきょうの浅漬け 540円
② 島らっきょうの天婦羅 540円
魚天婦羅 648円
イカのすみ汁 1,080円

泡盛は世界に誇る沖縄の文化

ドリンクメニュー

県内の酒造所とおもな銘柄

ヒールンファーとスーチキの炒め物 540円
① 焼きそば 540円
② イカスミ焼きそば 1,080円
足てぃびち 864円
島魚のマース煮 1,620円～
島豚ソーキの塩焼き 1,296円

① ニガナの白和え 648円
② ニガナと魚の味噌和え 756円
① 島豆腐 540円
② 揚げ豆腐 540円
中身イリチイ 540円
梅みそ 324円
ターンム（田芋）の唐揚げ 540円

スクガラス豆腐 324円
① タコの油みそ 540円
② 豚肉の油みそ 540円
ドゥルワカシー 540円
ウムクジ天婦羅 540円

ミミガーさしみ 540円
ミヌダル 756円
チキアギ 540円
中身の吸物 540円
魚のあら煮 1,620円～

우리즌 술친구

쓰치야 사네유키 씨가 만든 어딘가 뜻과 품격이 느껴지는 우리즌의 분위기는 본토 사람들에게도 많은 팬을 만들어냈고, 「오키나와에 가면 우리즌, 돌아갈 때 한 번 더」라며 오키나와의 고향집처럼 여겨지게 되었다.

『술친구 신문』

우리즌 발행의 『술친구 신문』이 존재할 정도로 오키나와뿐만 아니라 전국의 술꾼들에게 사랑받은 가게임을 증명하고 있다.

Vol. 1 1977.10.1 うりずん NOW

5周年記念 創刊号

うりずん 第1号 "NOW"

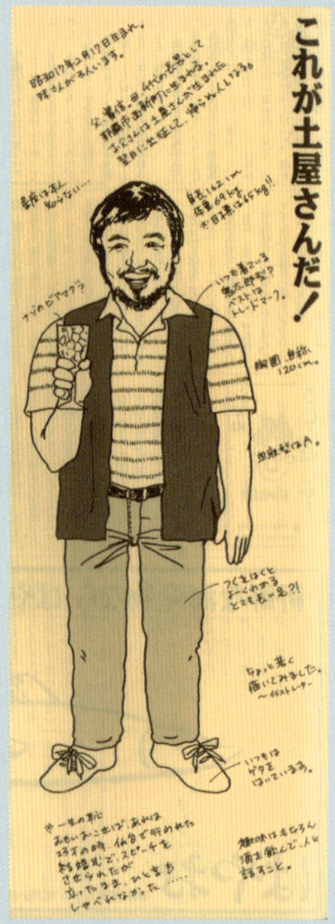

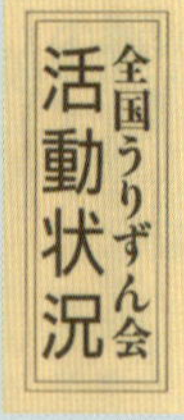

쓰치야 씨의 매력이 세세히 기록된 해설 일러스트와 4컷 만화.

개점 40주년에 보내준 메시지

각자의 손글씨에 담긴 애정의 따뜻함이 좋다.
이것이 손님을 만들어가는 일이다.

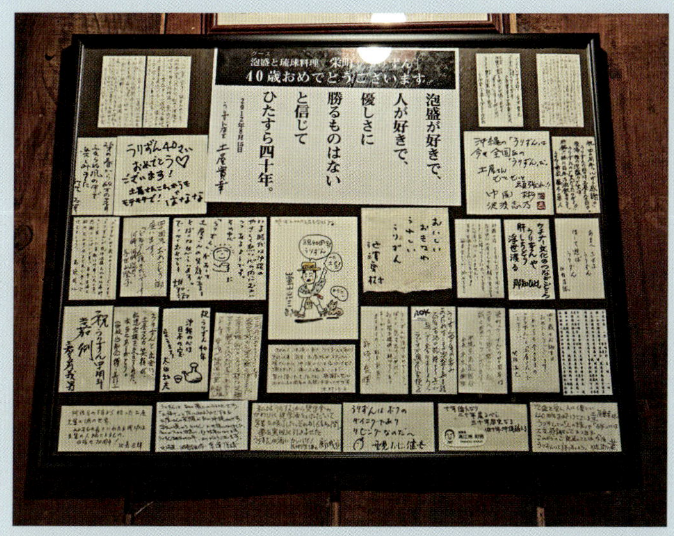

가운데 일러스트는 아라시야마 고사부로 씨. 왼쪽 위는 요시모토 바나나 씨.

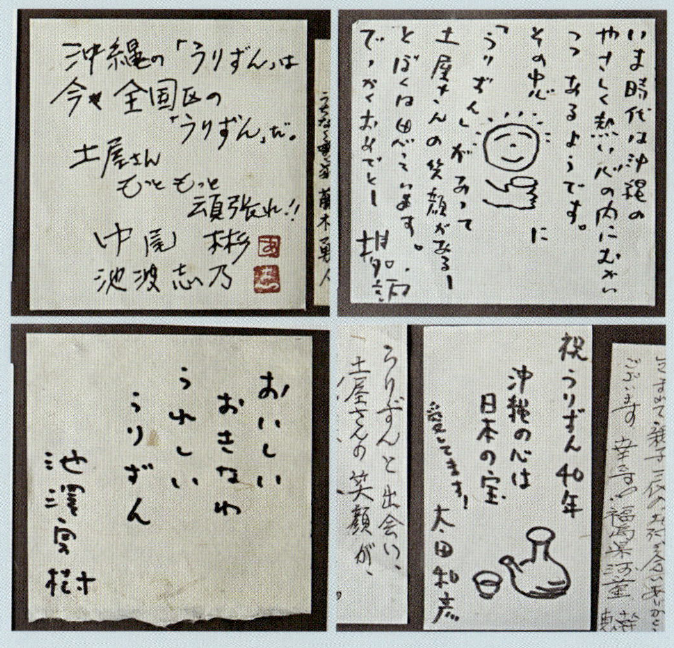

서일본의 명물요리

지역 특산물과 향토 음식을 취급하는 가게가 많다.
요리 또한 가게 문화를 지탱하는 한 얼굴이다.

신메

계절에 맞는 제철 재료를 사용한 정통 교토 요리의 다양한 맛을 즐길 수 있다.

구지라 베이컨

아마다이 가부라니
〔옥돔 순무 조림〕

슷폰 고나베

메이지야

메뉴판 칠판에 적힌 30여 가지 안주.
유도후는
꼭 드셔보시길.

기즈시

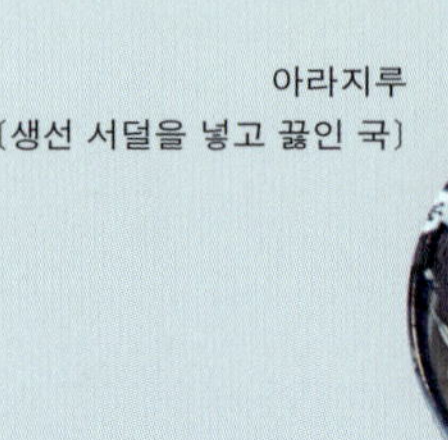

유도후

아라지루
〔생선 서덜을 넣고 끓인 국〕

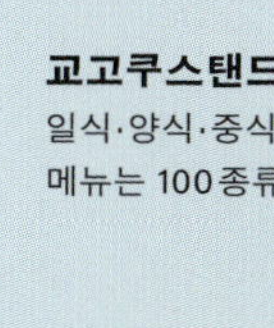

교고쿠스탠드

일식·양식·중식, 정식, 밥 요리 등등.
메뉴는 100종류 이상.

스지 니코미 곤약

소고기 스테이크

햄 카쓰

아카가기야

오뎅을 비롯한 꾸밈없는
대중 주점의 안주에서
「가게의 품격」을 느낀다.

오리 가슴살 구이

오뎅

고등어 초절임
(키즈시, 시메사바)

고쓰고쓰안

오이타 바다의 선물, 산의 선물을 풍부하게 사용한 다양한 요리. 간판 메뉴인 다고지루는 꼭 드셔보길.

세키아지 회〔세키는 세키자키(사가노세키반도 동단), 아지는 전갱이라는 뜻으로 세키아지라고 따로 부를 만큼 다른 전갱이와 차별된다〕

다고지루

야세우마

슈보 무사시

품목 수는 압권일 정도인 70종 이상. 250~1100엔이라는 합리적인 가격.

이와시노진다니〔기타큐슈 고쿠라의 향토 요리. 누카미소를 조미료로 사용하여 정어리를 간장이나 설탕과 함께 장시간 끓임으로써 뼈까지 부드러워지는 것이 특징〕

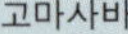

고마사바

구시가쓰〔고기와 야채, 해산물 등의 재료를 꼬치에 꽂아 튀김옷을 입혀 기름에 튀겨낸 요리〕

다고사쿠

바다에서 잡은 신선한 어패류가 풍부하다. 집에서 만든 두부도 명물이다.

수제 두부

오징어 회

오징어 덮밥,
전갱이 덮밥,
해산물 덮밥

오뎅 야스베

간판 요리는 검게 졸인 오뎅이다. 껍질째 4일 동안 졸인 달걀이 명물이다.

유바

오뎅

さいき

11 JAPAN HERITAGE OF IZAKAYA

사이키
さいき

평범한 이자카야의 진수

도쿄도 시부야구 히비야

야마노테 에비스 골목 안쪽,
오래된 풍모로 단연 눈에 띄는 한 집.
세련된 감색 포렴을 지나 안으로 들어가면
술꾼의 마음을 간지럽히는
풍취 있는 카운터.
안주는 변함없는 명물, 에비 신조.
예나 지금이나 누구에게나 살갑고,
어디에도 흔들리지 않는 이 가게의 태도는
오랜 세월 동안 품어온 역사와 문화를 잇고,
이자카야라는 장소가 지닌 힘을 조용히
증명한다.

오래된 모습과 에도 시대 소방대의 흰 깃발

에비스역 서쪽 출구를 나오면 은행 옆 골목에 음식점 몇 군데가 늘어서 있는데, 가장 오래된 곳이 박공지붕의 모르타르 2층 건물인 이자카야 「사이키」다. 1층 입구는 오른쪽으로 약간 들어간 구조인데, 그 위에 기와 지붕이 달려 있다. 입구에는 세 잎 모양의 전통 문양 「겐가타바미」와 가게 이름 「사이키」를 흰색으로 새긴 감색 포렴이 걸려 있다. 왼쪽 절반의 가는 격자창을 통해 골목에 놓인 각종 화분들 사이로 가게 안의 불빛이 새어 나온다. 2층 창문 옆에 있는 철제 난간은 녹이 슬었다. 창문 옆 바깥에 남아 있는 철제 프레임은 원래 에어컨 실외기를 놓았던 것일까. 외관은 야마노테 에비스보다는 변두리에 흔히 있는 술집같은 모습이다.

가게 내부는 길고 아담한 공간으로 오른쪽에 4인용 테이블이 두 개, 왼쪽은 L자 카운터가 있으며 안쪽은 계산대에서 안쪽 주방으로 이어진다. 자연스러운 곡선이 물결치는 좁은 카운터는 검은 옹이가 점점이 박혀 풍취가 있기에 술꾼이라면 누구나 앉고 싶어진다.

막다른 곳 오른쪽이 화장실이고, 여기서부터는 신발을 벗는 2층 계단이 된다. 계단 정면 위에는 좌우를 가득 채운 길이 약 3m의 천연목 대형 현판이 걸려 있다. 이 현판에는 에도 시대 마을 소방대의 구역을 상징하는 흰 기(旗) 20점이 각기 다른 형태의 부조로 새겨져 있으며, 그 아래에는 구켄마치, 구루마마치, 다마키야, 오토이치, 가나자와초, 오쿠노마쓰, 우메바야시초, 기오이초, 다카기초, 아라키초, 교탄바초, 도미히사초, 에이라쿠야 등 모두 24개의 마을 이름이 나열되어 있다. 현판의 왼쪽 끝에는 검은 붓글씨로 「사이키」라고 적혀 있다. 에도의 세련미를 전하는 훌륭한 작품 아래 있는 검정 메뉴판은 분필로 쓰고 지우는 실용적인 모습을 하고 있다. 게다가 메뉴가 넘쳐서 붙인 흰 종이 메뉴판은 길이가 제각각이고 아무렇게나 꽂혀 있다.

창틀의 코트걸이는 추억을 불러일으키고, 벽에 걸린 반야와 귀신의 가면은 상당히 훌륭하다. 현관 구석에 놓인 영국 알라딘사의 석유 난로는 매우 오래된 물건으로, 예전에는 이 난로로 온기를 얻었을 것이다.

세월을 겪은 가게 내부의 문과 창문의 손잡이는 닳아 있고, 흙벽에는 온갖 얼룩이 번져 있으며 바닥에는 금이 갔지만 실내 전체를 여유롭게 덮고 있는 배 바닥 천장의 엇갈린 등불은 편안한 이자카야에 어딘가 품위 있는 분위기를 만들어내고 있다.

「사이키」는 성씨 사이키를 가게 이름으로 삼아 쇼와 23년(1948)에 개점했다. 2층이 주거 공간이고 1층에서 사쿠라코 씨가 가게를 운영했다.

사쿠라코 씨는 단호하고 엄격한 사람으로 야쿠자가 자릿값을 받으러 와도 단호하게 거절해 이후로는 오지 않게 만들었다. 가게에서 일어난 손님들 간의 칼싸움 다툼을 말리다 팔에 상처를 입은 적도 있다. 기모노 차림의 여인을 희롱한 손님의 머리를 쟁반으로 내리치며 "우리는 그런 집이 아니오"라고 일갈했다. 이 근처는 야쿠자나 노점상이 많았지만 그런 손님이 와도 나쁜 짓을 하지 않으면 평소처럼 응대했고 보스들의 딸이나 아이들과도 사이좋게 지냈다.

축제에는 잇토다루(약 18리터)술통을 가게 밖에 놓고 미코시〔신을 모시는 가마〕를 메는 사람들이 쉬어가는 자리로 삼았고, 문신한 남자가 웃통을 벗다시피 하고 잠시

1층에는 천연 나무의 곡선과 나뭇결을 살린 폭이 좁은 L자형 카운터 좌석이 있다.

숨을 돌리곤 했다. 나중에 깔끔한 차림으로 와서 "잔돈은 필요 없어. 지난번 술값이야."라고 말하며 돌아가는 모습을 상상하면 즐겁기 그지없다.

여자이면서도 당당한 태도가 일반 손님에게도 야쿠자에게도 두터운 신뢰를 받았다. 미군이나 자위대 손님도 많았고, 영어 회화가 가능했기에 미군 집에 식사 초대를 받은 적도 있다. 함께 간 딸 나오미 씨는 아직 어린아이였는데 받아온 인형 사탕이 귀여워서 먹지 않고 간직해 두었다가 녹아버렸다고 한다.

초등학교 때부터 책을 좋아해 딸 나오미 씨에게도 책을 읽으라고 소녀 문고 책을 많이 구비해 주었고 자신은 「헤이케 모노가타리」 공부 모임에 다닐 때도 있었다. 가정 내에서도 엄격히 훈육해 술집 딸이라고 손가락질 당하지 않도록 통금 시간은 고등학교 시절에는 7시, 대학 시절에는 8시, 사회인이 된 후에는 9시였다.

엄마는 술은 못했지만 매일 가게를 운영했고, 현관이 하나뿐인 집이라 나오미 씨가 "다녀왔어요" 하고 돌아오면 늘 "어서 와" 하고 맞아주었다. 그 모습은 손님들을 편안하게 했을 것이다. 어느 순간부터 이 가게에서는 손님이 들어오면 "어서 오세요"로 맞이하고, 나갈 때는 "다녀오세요"라고 배웅하는 인사법이 자리 잡았다.

가게가 붐비게 되자 2층 다다미방도 사용하게 되었고 자신들은 근처로 이사했다. 「사이키 50주년을 축하하는 모임」에서 기모노 차림으로 인사하는 사쿠라코 씨의 사진은 지금도 가게에 걸려 있다. 헤이세이 12년(2000) 사쿠라코 씨의 장례식은 요

인기 넘버원은 〈에비 신조〉.

가족을 사랑하고, 가게를 사랑하고, 손님을 사랑했던 사이키 쿠니히코 씨. 중앙은 가나코 씨.
왼쪽은 도우러 온 가나코 씨의 지인.

요기 장례식장 두 곳을 사용했고 조문객은 600명이 넘었다.

사이키 쿠니히코 씨가 가게의 주역으로

나오미 씨보다 열 살 위인 오빠 쿠니히코 씨는 쇼와 20년(1945)생으로 아자부 중학교, 아자부 고등학교에 진학했다. 어머니는 아들을 귀여워하며 피아노를 사주고 첼로도 시켰다. 고교 졸업 후 교토대학을 목표로 두 번 재수를 했지만 이루지 못하고 추오대학에 진학했다. 그곳 동급생과 결혼한 후 오키나와에서 수중 촬영 장비 대여업, 빌딩 청소 회사, 커피숍 등 여러 일을 했지만 모두 실패했고, 어머니가 뒷수습을 해주었다. 세이부 계열 회사에서 회사원으로 일한 후 서른네, 다섯 살에 가게 주방에 들어가 어머니를 돕기 시작했다. 먹는 것을 좋아했기 때문에 아마추어였지만 요리 실력은 확실했다. 그가 고안한 〈에비 신조〉는 부동의 명물이 되었고, 〈오쿠라 참깨 무침·신코(새끼 전어)·시타기리 누타(개량조개를 파와 채소, 미역에 초된장을 곁들인 요리)〉처럼 세 가지로 구성된 세련된 일일 오토오시〔식전 메뉴〕는 단골 손님들을 끌어모았다.

내가 처음 방문한 건 헤이세이 10년(1998) 무렵으로 시로카네다이에 있는 내 디자인 사무실 인테리어를 맡긴 「다카토리 공간 계획」의 다카토리 구니카즈 씨가 이곳 조명 변경을 의뢰받았다며 이자카야를 좋아하는 나를 데려왔다. 당시 고령이었던 사쿠라코 씨를 대신해 쿠니히코 씨가 접객했다. 그의 문화적 취향과 사람을 좋아하는 성격이 마음에 들어, 나도 곧 단골이 되었고, 얼마 지나지 않아 열린「개업 60주년 기념 모임」에도 초대되었다. 넓은 홀의 단상에 턱시도 차림으로 선 쿠니히코 씨 앞이 사람들로 가득 찬 장면을 보며, 작은 동네의 작은 이자카야가 이렇게 많은 사람들에게 사랑과 지지를 받고 있다는 사실이야말로 이자카야의 힘이라는 것을 실감했다.

방문하기 시작하자마자 느낀 것은 손님들의 좋은 점이었다. 저 사람은 누구냐고 묻지는 않지만 귀에 들어오는 손님들 사이의 대화나 통칭「쿠니 씨」라고 부르는 말투로 알 수 있었다. 대기업 간부나 사원, 출판이나 방송 신문 관계자, 음식업 종사자, 프리랜서 문필가, 싸서 들어온 것뿐인 사람, 아무래도 불법 업을 하는 듯한 사람. 술집을 좋아하는 사와다 겐지(가수) 씨도 부인과 함께 왔는데 사와다 씨는 말이 없었지만 부인은 손님들과 대화가 잘 통했다고 한다.

그런 분들이 비서나 수행원, 혹은 직함 없이 와서 직접 자신의 지갑으로 마시고 갔다. 그런 분위기를 만든 건 누구에게나 평등하게 이야기하는 쿠니 씨였다. 이건 상상이지만 큰 포부를 품었으나 여러모로 이루지 못하고 결국 어머니 가게를 돕게 되어 "나는 여기서 이룰 거야, 여기서 내 길을 갈 거야"라고 마음을 굳힌 탓이 아닐까. 누구와도 친하게 지내지만 아무에게도 동요하지 않는다는 것. 나는 어머니 사쿠라코 씨를 모르지만 "여기 앉으면 신분·직업·나이·남녀·식견·단골·초행, 그 모든 것이 상관없다"는 자세는 분명 같았을 것이다.

헤이세이 21년(2009) 민주당에서 총리대신이 된 하토야마 유키오는 유엔 데뷔 후 귀국해 이곳 2층에서 쿠니 씨 말로는 〈가니 크림 고로케〉를 안주로 소주, 오유와리〔소주나 위스키 등의 증류주를 뜨거운 물에 타서 마시는 방법〕로 2시간이나 편안히 쉬고, 밖에 모인 대중 매체 기자들에게 창문으로 손을 흔들었다.

어느 날 연극 잡지 편집장을 데리고 갔을 때, 당시 연극에 푹 빠져 있던 쿠니 씨와 편집장이 그 즉시 의기투합했고 나보다 더 단골이 되었다. 내가 초대한 상대는 거의 모두 단골이 되어 갔다.

결혼한 나오미 씨는 육아로 가게와는 떨어져 있었지만, 그녀의 딸 가나코 씨가 대학을 졸업하고 NHK 등에서 일하는 TV 디렉터가 되자 쿠니 씨는 매우 귀여워하며 바쁠 때는 가게를 돕게 했다. 어느 날 멋진 미인 아가씨가 카운터 안에 있어서 물어보니 쿠니 씨는 자랑스럽게 "손대면 안 돼요!"라고 말해 가나코 씨에게 혼났다. 아자부 고등학교 동창회에도 데려갔다고 한다.

칠판 옆에는 흰 종이 쪽지에 적힌 메뉴가 잡다하게 붙어 있다.

キリンビール

"내 엥겔 계수는 99퍼센트"라고 호언장담(?)하던 쿠니 씨는 고령이 되어 당뇨와 신장, 허리까지 나빠져 일본 적십자 의료센터에서 입원 치료를 받게 되었다. 어느 날 오후 문병을 갔을 때 오늘은 외출 중이라는 말을 듣고 역시 생각한 대로 크게 위중한 상태는 아니었는지, 가끔은 다시 가게에 나와 서기도 했다. 물론 술은 전혀 마시지 않았지만 평소와 다름없이 세상 이야기로 웃음을 나누어, 오래된 단골들도 안심하는 모습이었다. 이후 2층에서 거처하며 병원에 다녔지만, 헤이세이 30년(2018)에 세상을 떠났다. 가게는 오랫동안 주방을 책임져 온 요리사와 함께 나오미 씨가 물려받았지만, 건물의 노후화가 고민이 되고 있다고 한다. 부디 오래 오래 이어지길 바란다.

「제3의 신인」들이 다녔던 가게

내가 특히 「사이키」에 관심을 갖게 된 것은 요시유키 준노스케, 요시모토 다카아키, 엔도 슈사쿠, 오쿠노 다케오, 고지마 노부오 등 전후 문학의 기수 주로 「제3의 신인」이라 불리는 작가들이 거물 작가가 되기 전 밤마다 빈곤한 주머니로 문학을 논쟁하고 2층에서는 「미타 문」의 편집 회의도 열렸다고 들었기 때문이다. 쇼와 29년(1954) 요시유키 준노스케는 아쿠타가와상 수상 결정이 난 밤에 술을 마시러 왔다. 요시모토 다카아키는 "오늘은 특공대다"(= 돌아갈 전철비가 없다)며 찾아왔다. 오차노미즈에

2대째·쿠니히코 씨가 사망하고 2018년에 가게를 이은 나오미 씨.

있는 야마노우에 호텔에 갇혀 있던 시마오 도시오는 슬리퍼를 신고 빠져나와 술을 마시러 왔다. 오쿠노 타케오와 사쿠라코 씨는 특별히 친해서 늘 길게 이야기를 나누었고, 안도 쇼타로는 사쿠라코 씨가 암으로 입원했다는 소식을 듣자마자 곧장 달려와 2층에서 무려 다섯 시간이나 이야기를 나누었다고 한다.

그래도 작가의 사인이 담긴 시키시〔와카나 하이쿠를 쓰기 위한 사각의 두꺼운 종이〕 한 장 걸어두지 않는 평범한 이자카야인 것이 좋다. 나오미 씨가 이런 게 있다고 보여주었던 오래된 시키시에 나는 눈을 휘둥그레 뜨고 바라보았다. 한 장에 맨 아래 가운데부터 시계 방향으로 시마오 도시오, 기요오카 다카유키, 신도 준코, 미우라 슈몬, 야스오카 쇼타로, 곤도 게이타로, 쇼노 준코, 요시유키 준노스케, 엔도 슈사쿠, 고지마 노부오, 오쿠노 다케오의 서명이 이어지고 마지막은 사이키 사쿠라코(달필)의 서명으로 끝난다. 〈사이키에서, 쇼와 40년 5월 29일〉이라고 적혀있다. 그뿐만이 아니었다. 맥주잔 거품에 화살표로 '여기에 사마귀가 있다'고 첨부한 미우라 슈몬이 그린 그림 옆에 '이게 진짜 모자'라며 흉내 낸 그림과 '사이키 나오미'라고 쓴 낙서까지 들어 있었다. 그때 나오미 씨는 10살이었다. "가치도 모르고 낙서해 버렸어요…"라고 쑥스러워했지만, 그런 것을 허용해 준 작가들도 참 멋지다. 이것은 문학관에 전시되어야 할 명품이 아닐까.

매년 12월 31일, 섣달 그믐날에 여기서 해를 넘기려고 단골들이 모이게 되었다. 어느 해인가 내가 얼굴을 내밀자 카운터에 다테마쓰 와헤이 씨가 앉아 있어 안면이 있던 내가 인사하자 쿠니 씨는 "어, 아는 사이야? 그럼 여기서 둘이 대담 좀 해봐"라고 말해 우리 둘이 실소를 터뜨린 일이 있었다. 다테마쓰 씨는 이 근처에 살아서 자주 오시고, 연상인 쿠니 씨는 "와헤이, 와헤이" 하며 남동생처럼 대했다.

갑자기 별세하신 며칠 후에 내가 찾아가자, 쿠니 씨는 "……와헤이는……"이라고 말하며 눈시울을 붉혔다.

헤이세이 22년(2010) 3월 이미 몇 권의 이자카야 관련 책을 쓴 나는 주요 부분만 재편집 된『이자카야 백선』의 발간을 계기로, 비용 전액을 저자가 부담하는 출판 기념회를「사이키」2층에서 열었다. 두 개의 방을 이어 모두 25명이 모였다. 쿠니 씨에게 "바닥이 꺼지는 건 아닐까요?"라고 묻자, 쿠니 씨는 "아마 괜찮을 겁니다" 하고 웃었다.

업무로 신세를 지고 있는 각 출판사 분들을 중심으로 시이나 마코토, 아라시야마 고자부로, 쇼지 사다오, 오자와 미노루, 가와카미 히로미, 히라마쓰 요코 등 여러 분이 참석해 주셔서 화기애애한 자리가 되었고, 마치고 계단을 내려오던 사람들이 1층 가게를 흐뭇하게 바라보던 표정이 아직도 기억에 선명하다. 이자카야에는 문화를 키우는 힘이 있다. 이 가게가 그것을 증명하고 있다.

※〔사키야〕는 2023년 5월, 오랜 역사를 마치고 문을 닫았습니다. 한국판 출간 시점에는 이미 폐점했지만, 저자가 유산으로 남긴 기록의 의미를 살려 한국판에도 원서와 동일하게 수록했습니다.

三浦朱門

島尾敏雄

清岡卓行

OUTLINE
점포개요

FOUNDED | 창업

쇼와 23년(1948)에 창업. 당시에는 메이지 거리와 고마자와 거리의 교차로에서 영업했다. 2층 좌석에는 문호들이 편집자와 함께 찾아와 편집 회의를 하기도 했다. 헤이세이 13년(2001)에는 「사이키 50주년을 축하하는 모임」을 개최했다.

HISTORY | 역사

원래 목조 단독주택의 1층이 이자카야, 2층이 주거 공간이었다. 에비스 주변 지역의 재개발과 토지 매입 등의 영향으로 마을 풍경은 완전히 바뀌었고, 사이키의 목조 가옥만 눈에 띈다.

❶ 1층 풍경
1층 안쪽에서의 가게 안 풍경. 아담하며 카운터 안은 계산대에서 주방으로 이어진다.

❷ 카운터 테이블
오래된 카운터의 결이 있는 부분은 인기 자리.

❸ 메뉴판
검은 칠판을 손으로 지우고 다시 쓰는 메뉴판.

❹ 반야와 귀신의 가면
가게를 노려보는 가면. 유래는 듣지 못했다.

많은 무용담을 남겼다는 창업자, 사이키 사쿠라코 여사

CUSTOMER | 고객층

회사원, 학자, 배우 등과 함께 현재도 2층에 시키시가 장식되어 있는 시마오 도시오를 비롯해, 요시유키 준노스케, 야스오카 쇼타로, 요시모토 다카아키, 엔도 슈사쿠 같은 작가들이 다녔다.

FILE

창업	쇼와 23(1948)년
지역	도쿄 도 시부야 구
창업 시 형태	이자카야
구조	목조 2층 건물
점주	사이키 나오미(3대째)

창업 이래의 역사가 스며든 오래된 이자카야의 품격

인테리어 디자이너 다카토리 구니카즈 씨가 매장 내 조명 기구를 담당했다.

이 가게의 명물인 세 가지 오토시(무료 안주)는 사시미와 오리 스모크, 그리고 날마다 달라지는 작은 반찬으로 이루어져 이 집을 찾는 또 하나의 즐거움이 된다.

단골이 맡겨둔 도쿠리도 있다.

들어가서 왼쪽의 특등석. 나는 대개 여기 앉는다.

가게 안에 산재한 사이키의 재산이라 부를 만한 물건들

메뉴판 칠판 위에는 현판이 걸려 있고, 에도 시대 소방대의 마토이가 부조되어 있으며, 마을 이름이 나열되어 있다.

지금은 그리운 물건인 코트 걸이 후크.

알라딘사의 블루 프레임 석유 스토브. 예전에는 이걸로 난방을 했다.

DATA 사이키	도쿄도 시부야 구 에비스니시 1-7-12 2023년, 5월에 폐점

[1] 본서 집필 이후인 2023년 5월 31일, 「사이키」는 폐점했다.

서일본 편 후기

동일본 편에 이어 이번 서일본 편으로 『일본 이자카야 유산』이 완성되었다. 또한 동일본 편에 미처 담지 못한 에비스의 「사이키」를 부록으로 실었다.

오이타의 「고쓰고쓰안」 취재를 마치고 얼마 후 창업자 마쓰모토 미쓰오 씨가 돌아가셨다. 이 책을 그의 영전에 바친다. 나고야의 「다이진혼텐」 3대째 주인 야마다 히로시 씨와 부인은 2023년 3월에 고령으로 은퇴했다.

2023년 5월 31일 예정된 에비스의 「사이키」 폐점 사실은 변함이 없다.[1] 꼭 존속했으면 좋겠다. 또한 이자카야 유산 후보에 올랐던 하치노헤의 「반야」와 나라의 「구라」는 취재를 고사해 게재하지 못했다.

교토의 「신메」, 나하의 「우리즌」은 우에노 도시히코 저 『신메-교토·니시진에 있는 술집 기록』과 『오키나와 전쟁과 류큐 아와모리 백년 고주의 맹세』가 큰 도움이 되었다.

동일본 편 야에스의 「후쿠베」는 취재 종료 후 바로 개축을 하여 이듬해 연말에 다시 가게 문을 열었다. 오래된 카운터 등을 재활용한 가게 내부는 이전 가게의 흔적을 잘 살렸고, 단조롭던 외관은 검은색으로 「후쿠베(표주박)」를 그려 넣어 깔끔하게 바뀌었다.

*

동일본 편 후기에 〈동일본의 오래된 이자카야의 특징은 눈과 바람에 견딜 수 있는 건물, 한 번 들어온 손님이 오랜 시간 머물 수 있는 아늑함, 지역 특산물을 사용한 소박한 안주〉라고 썼었다.

그렇다면 서일본은 어떨까.

내 생각에는 동일본에 비해 장소, 건물, 안주, 주장, 신념 등 주인의 개성이 강하게 드러나고, 비슷한 가게가 없는 것이 특징이라고 생각한다. 동일본은 풍토가 만들어낸 유산이라고 할 수 있으나 서일본은 가게의 개성이 만들어낸 유산이라고 할 수 있다. 본문의 글쓰기 방식도 자연히 창업주 등 '사람'에게 무게가 실렸고, 그것이 곧 가게의 '이야기'가 되었다. 동일본은 풍토적이고 서일본은 개성적이라고 할 수 있다.

*

2018년 3월, 문화청으로부터 「헤이세이 30년 문화청장 표창」을 받았다. 안내 책자에 따르면 다양한 분야에서 개인 86건과 단체 3건이 표창되었고 내 주요 경력은 "그래픽 디자이너·이자카야 탐방가"로 적혀 있었다. 업적 개요는 〈오랜 세월 일본 식문화에 대해 독자적 시각에서 저술 활동을 이어와 식문화 발전과 문화예술 진흥에 크게 기여했다.〉라고 되어 있다.

문부과학성 표창장을 받고 간단한 다과회 자리를 가졌는데 직원이 "축하드립니다."라고 말해 주어, 나는 마침 잘 되었다 싶어 물었다.

"제가 표창장을 받은 이유는 무엇일까요?"

"물론 이자카야를 통한 식문화에 기여한 공로입니다."

하하하, 역시 딱딱한 업적 개요에 「이자카야」라는 글을 넣고 싶지 않았던 모양이다.

그리고 생각했다. 영광스럽지만, 나는 문화청 표창을 받을 만큼 거창한 일을 했다고는 생각지 않는다. 오랫동안 이자카야를 찾아다니며 기록해 온 것은 어디까지나 개인적인 여행 스케치이다. 그러나 여행 스케치라고 해서 이자카야를 술안주만으로 이야기할 수 있는 게 아니다. 오래된 가게는 그 지역에 없어서는 안 될 존재라는 것을 알게 되었다. 그 역사와 이유를 찾아 기록하는 것이 이 상에 부응하는 것이 아닐까 생각했다.

기획서를 만들어 여러 출판사를 돌아다녔지만, 편집자들의 대답은 하나같이 "좋은 기획이네요. 완성을 기대하겠습니다."였다.

3년 전 교토의 「아카가기야」에 조금 늦은 시각에 혼자 갔는데 만석이어서 카운터 안쪽에 의자를 놓아달라고 부탁해 앉았다. 그것을 보았는지 옆에 있던 여성 두 명이 일어서서 "자리가 비었습니다."라고 말했고, 그 중 한 명이 "오타 가즈히코 씨군요. 늘 책을 읽고 있습니다."라고 말하며 건네준 명함은 〈출판 편집 기획 모그린사〉라고 적혀 있었다.

집으로 돌아와서 며칠 후 가지고 다녔던 기획서를 보내자 바로 "저희가 이 책의 기획과 편집을 맡겠습니다. 출판을 담당할 출판사는 저희가 찾아보겠습니다."라는 답변이 왔다.

그러나 가게의 허락을 받고, 일본 전역을 취재하고 인터뷰해서 기록하고, 사실관계를 확인하고, 가게 안을 구석구석 촬영하는 일은 일정도 비용도 만만치 않은 일이다. 게다가 상하 두 권에 달하는 분량이다. 과연 지속될 수 있을까? 계획을 짜고 최소한의 인원과 예산으로 막바지에 접어들면서 강행군의 나날이 이어졌다. 그리고 그 결실이 여기까지 왔다.

상하권을 출판해준 투버진즈사, 끈질기게 지원해준 편집자 모그린사, 기꺼이 출판을 승낙하고 협조해준 26개 점포를 비롯해 모든 분들께 진심으로 감사드린다. 어깨가 한결 가벼워진 기분이다.

2023년 6월

오타 가즈히코

역자 후기

아, 오늘 한마디도 안 했네.

쿨하게 중얼거리며 혼술하던 내게 『일본 이자카야 유산』이 찾아왔다. 낯선 도시, 낯선 요리와 술을 번역하면서 얼마나 즐거웠는지 모른다. 내게는 이자카야에 대한 추억이 몇 가지 있다. 그 중 한 가지는 군마현에서 세계시인대회가 열렸을 때 통역을 맡은 내가 도쿄를 떠나 그 도시로 여행을 한 적이 있었다. 그날 난 아주 신비한 체험을 했다. 작은 마을의 이자카야였는데 시인들과 술을 마시고 있었다. 가라오케 부스에서 음악이 흘러나오며 노래들을 시작했다. 일본 시인은 일본 가요를 한국 시인은 한국 가요를 부르면서 흥이 나자 통역하던 나에게 신청곡이 들어왔다. 박자도 음정도 맞지 않지만 열심히 부르자 박수 갈채가 나왔다.

이자카야 안이 하나가 되는 순간이었다. 마을 토박이 아저씨들이 서로 술을 사겠다며 신청곡을 눌렀다. '노란 샤스 입은 사나이'도 있고 '돌아와요 부산항'에도 있었다. 그들 사이에서 계은숙이 되고 조용필이 되었던 내가 노래를 부를 때마다 시인 할아버지들은 자랑스러워했다. 눈을 감고 듣고 있다가 자기 나라 말로 빠르게 소감을 이야기했다.

『일본 이자카야 유산』을 번역하면서 그날의 기억이 떠올랐다. 시인들이 시를 낭송하는 밤도 좋았지만, 이자카야에서 서로의 노래를 들으며 영어, 일어 섞어가며 대화하다가 통하지 않으면 나를 부르고는 했던 그 때 그 순간은 신비한 일들이 많이 일어났다. 어떻게 단어 하나만 통역해도 시인들은 다 알아들은 얼굴을 하고 대화를 이어가는지, 내 통역이 좋았던 걸까? 아니면 술기운에 알아들었다는 느낌이 들었던 걸까? 그리고 다음날 아침에 일어나면 도대체 무슨 이야기를 하고 그렇게 웃고 떠들었는지 기억조차 나지 않는 불가사의함이란.

생각할 거리가 있어 조용히 술잔을 기울이고 싶을 때가 있다.

직장 동료 서넛이 몰려가 하루의 고단함을 털어내고 싶을 때도 있다.

100년 된 이자카야 실내를 둘러보며 세월이 흘러 손때 묻은 물건에 깃든 이야기를 주인에게 청해 들으며 혼술을 하는 것도 나쁘지 않을 것 같다.

엄마를 병간호하면서 엄마와 단둘이 있는 일상이 계속되는 나로서는 오래 집을 비울 수는 없다. 하지만 반수연 작가의 소설 제목처럼 '파트타임 여행자'(집을 남겨두고 떠나온 사람은 아무리 오래 여행해도 '풀타임'이 아닌 '파트타임' 여행자)가 되어 오키나와에 있는 우리즌의 포렴을 열고 들어가 일본 전통 사케 잔으로 한잔 마신 후 가게 안을 둘러볼 것이다. 그리고 이 책을 펼쳐놓고 다음 목적지가 교토라는 것을 살펴보며 안주가 나오기 전 오토오시에 젓가락을 가져갈 것이다.

살짝 데친 시금치를 짜서 시금치 위에 가쓰오부시를 뿌려 내주면 간장만으로 산뜻한 맛이 올라오는데 어쩌면 내가 좋아하는 그 맛을 음미하는 동안 주인이 이렇게 말을 걸어줄지도 모른다. "오키나와는 처음이지요?" 드디어 오늘 하루 종일 아무하고도 대화하지 않은 여행자가 대답할 차례이다. "네, 근데 너무 좋군요." 우리는 말이 없다. 각자가 같은 공간 안에서 좋아하는 일을 할 뿐이다.

2025년 8월

이은주

日本居酒屋遺産 — 西日本編
일본 이자카야 유산 — 서일본편

2025년 12월 25일 초판 1쇄 발행

저자
오타 가즈히코 (글, 일러스트)

옮긴이
이은주

기획·크리에이티브 디렉션·편집
하야사키 가나(Mo-Green Co., Ltd)

사진
오비 준스케

편집
아사미 에이지(TWO VIRGINS)
스도 료, 기무라 케이, 구와모토 군페이, 와타라이 다이,
와키사카 가오리(Mo-Green Co., Ltd)

원서 디자인
아이자와 사야카,
마츠모토 나츠메(Mo-Green Co., Ltd)

한국어판 조판
유민기(2mm)

한국어판 제작
박재현

인쇄소
(주)상지사 P&B

발행인
박태희

발행처
안목
출판등록 2006년 6월26일
제381-2006-000041호

전화: (051)949-3253
팩스: (070)7614-2579
이메일 : anmocin@gmail.com
https://www.anmoc.com

ISBN 978-89-980433-9-1 04910
ISBN 978-89-980433-7-7 04910 (전2권)

책에 인쇄 불량이나 페이지 누락이 있을 경우
교환해 드립니다.

정가는 책 커버에 표시되어 있습니다.